The Belt and Road

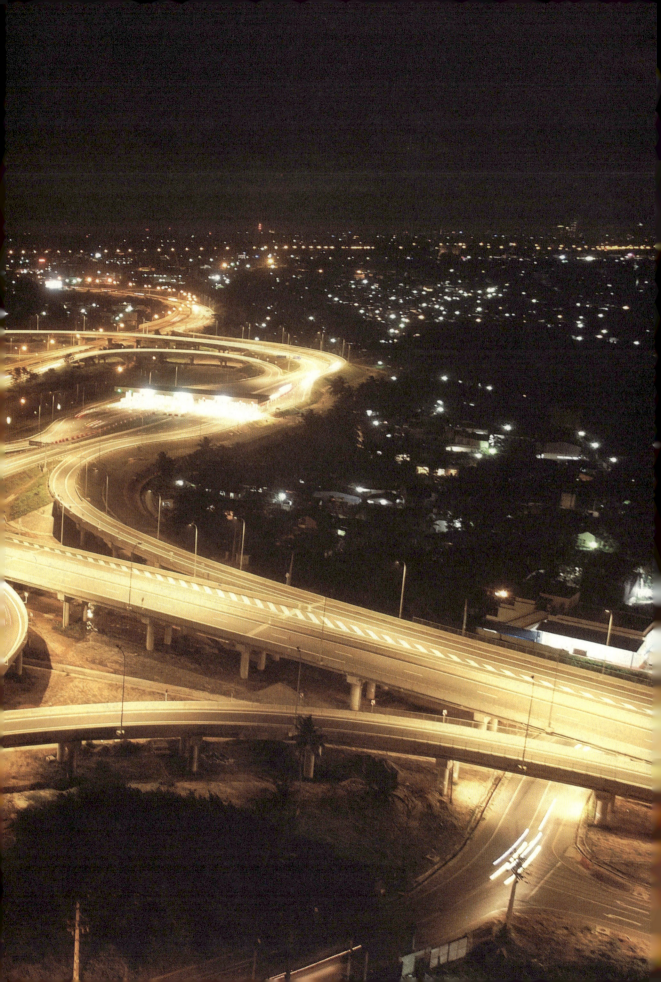

中国土木工程学会
中国建筑业协会　联合策划
中国施工企业管理协会

"一带一路"上的中国建造丛书

The First National Road in
Sri Lanka:
Sri Lanka Airport Expressway

张　奇　樊金田　秦夏强　主编

斯里兰卡国门第一路
——斯里兰卡机场高速公路

中国建筑工业出版社

专家委员会

丁烈云　卢春房　刘加平　杜修力　杜彦良　肖绪文　张宗亮
张喜刚　陈湘生　林　鸣　林元培　岳清瑞　聂建国　徐　建

丛书编委会

主　　任：易军　齐骥　曹玉书
副 主 任：尚春明　吴慧娟　尚润涛　毛志兵　咸大庆
丛书主编：毛志兵
编　　委：（按姓氏笔画排序）
　　　　　王东宇　任少强　刘　辉　刘明生　孙晓波　李　菲
　　　　　李　明　李伟仪　李明安　李景芳　李秋丹　杨汉国
　　　　　杨健康　张　奇　张　琨　张友森　张思才　陈湘球
　　　　　金德伟　宗敦峰　孟凡超　哈小平　洪开荣　高延伟
　　　　　唐桥梁　韩　磊　韩建强　景　万　程　莹　雷升祥
　　　　　蔡庆军　樊金田

丛书编委会办公室

组　　长：赵福明
副组长：李　慧　刘　蕾　薛晶晶　赵　琳
成　　员：王　立　安凤杰　单彩杰　刘　云　杨均英　李学梅
　　　　　韩　鞠

本书编委会

主　　编：张　奇　　樊金田　　秦夏强

副 主 编：张钢雨　　金德伟　　何远宏　　蔡联河　　崔松明

参编人员：丁明鹤　　于　游　　方　吉　　王小平　　王志祥

　　　　　付光宇　　朱　松　　许海岩　　许海飞　　安殿峰

　　　　　李　航　　李本权　　李方君　　李　晨　　邵永生

　　　　　张达志　　张亚平　　张智博　　张　磊　　张　扬

　　　　　林启龙　　娄建军　　黄海炯　　程卫华　　盛　国

　　　　　魏玉成

主编单位：中国二十冶集团有限公司

前 言

本书翔实地介绍了中国二十冶集团有限公司（简称中国二十冶集团）承建斯里兰卡机场高速公路项目的全过程，记录了二十冶人历经四年艰苦卓绝、攻坚克难的奋战事迹，展示了二十冶人始终怀有的建筑报国的情怀以及取得的光辉业绩。

本书以斯里兰卡首都科伦坡至卡图纳亚克国际机场高速公路建设全周期现代化管理、科技创新为主线，自2008年6月中冶集团进驻工地接管项目，至2013年10月建成通车运营，系统地记录了建设者敢为人先的"破冰之旅"，延伸和扩展描述了项目所在地的国情、法规、民族、风俗文化，以及企业与社会的点滴融合。本书是"一带一路"上的中国建造丛书之一。

本书分为三篇、十一章。第一篇为综述，包括项目简介、国家概况、项目意义三章内容；第二篇为项目建设，包括项目概况、施工部署、主要管理措施、关键技术，交付、维护与反馈，成果及经验交流、项目风险防范七章内容；第三篇为合作共赢。

本书在撰写和校对过程中得到了项目建设业主、咨询、设计、参建合作单位以及中国建筑工业出版社的大力支持，在此对各位表示衷心感谢！

本书虽经过了长时间的准备，多次研讨、修改与审查，仍难免存在不足，恳请广大读者提出宝贵意见，以便进一步修改完善。

Preface

The book gives a full and accurate introduction to the whole process of the construction of Sri Lanka Airport Expressway project undertaken by China MCC20 Group Co., Ltd., records the heroic deeds of the MCC20 people after four years of hard work and overcoming difficulties, and shows the MCC20 people's feelings of building for the country and their brilliant achievements.

The book takes the whole cycle modern management and scientific technological innovation of the construction from Colombo, the capital of Sri Lanka, to Katunayake International Airport as the main line. It has been stationed on the construction site since June 2008 and opened to traffic in October 2013. It systematically records the "ice breaking journey" of builders who dare to be the first, and extends and expands the description of the national conditions, regulations, nationalities, customs and culture of the project site, as well as the integration of enterprises and society. It is one of the series leading and learning from the "Belt and Road" project construction management of the construction industry.

The book is divided into three parts and eleven chapters. The first part is the General summary, including project introduction, country profile, project significance which consists of three chapters. The second part is project construction, including project overview, construction deployment, main management measures, key technologies, delivery, maintenance and feedback, exchange of achievements and experience, and project risk prevention, which consists of seven chapters. The third part is about win-win cooperation.

In the process of writing and proofreading, this book has been strongly supported by the project construction owners, consulting, design, construction partners and China Architecture & Building Press. I would like to express my heartfelt thanks to all of you.

Although this book has been prepared for a long time, discussed, revised and reviewed for many times, there are still inadequacies unavoidably. We sincerely invite the readers to put forward suggestions for revision and improvement.

目 录

第一篇　综述

第一章　项目简介　　022
　第一节　建设概况　　022
　第二节　设计概况　　023
　第三节　工程技术与管理创新　　026
　第四节　本章小结　　027
第二章　国家概况　　028
　第一节　斯里兰卡国家概况　　028
　第二节　斯里兰卡交通建设状况　　032
　第三节　本章小结　　033
第三章　项目意义　　034
　第一节　项目对斯里兰卡的意义　　034
　第二节　项目对中国的意义　　036
　第三节　本章小结　　037

第二篇　项目建设

第四章　项目概况　　040
　第一节　项目建设组织模式　　040
　第二节　项目参建单位情况　　047
　第三节　当地生产资源状况　　048
　第四节　施工场地、周围环境及水文地质等概况　　050
　第五节　项目建设主要内容　　054
　第六节　工程项目特点、重点与难点分析　　062
　第七节　本章小结　　065
第五章　施工部署　　066
　第一节　目标管理　　066
　第二节　管理机构、体系　　068
　第三节　施工顺序、流水段划分　　071
　第四节　管理风险分析及对策　　073
　第五节　施工准备　　075
　第六节　组织协调　　080
　第七节　施工布置　　082
　第八节　本章小结　　084

第六章	主要管理措施	085
第一节	工程计划管理	085
第二节	工程商务管理	088
第三节	人力资源管理	091
第四节	工程物资管理	093
第五节	工程设备管理	095
第六节	工程质量管理	097
第七节	工程安全管理	099
第八节	环境保护管理	101
第九节	社会安保管理	105
第十节	本章小结	107
第七章	关键技术	108
第一节	泥炭土地基处理成套设计施工技术	108
第二节	海砂填筑高速公路路基成套设计施工技术	122
第三节	本章小结	143
第八章	交付、维护与反馈	144
第一节	竣工验收与通车运营	144
第二节	工程维护	146
第三节	项目回访	148
第四节	本章小结	149
第九章	成果及经验交流	150
第一节	技术突破与管理创新	150
第二节	合作共赢的先行者	152
第三节	成本控制的受益者	152
第四节	项目科技创新、质量创优成果	156
第五节	本章小结	156
第十章	项目风险防范	157
第一节	合同分析及风险防范	157
第二节	社会法律风险与防范	160
第三节	社会经济分析及风险防范	163
第四节	本章小结	167

第三篇 合作共赢

第十一章	合作共赢	170
第一节	项目视察	170

第二节　融合活动　　　　　　　　　　173
第三节　共庆通车　　　　　　　　　　175
第四节　中斯合作的友谊丰碑　　　　　176
第五节　本章小结　　　　　　　　　　176

参考文献　　　　　　　　　　　　　178

Contents

Part I The General Summary

Chapter 1 Project Introduction 022
Section 1 Construction Overview 022
Section 2 Design Overview 023
Section 3 Engineering Technology and Management
           Innovation 026
Section 4 Summary of This Chapter 027
Chapter 2 Country Profile 028
Section 1 Overview of Sir Lanka 028
Section 2 Traffic Status of Sri Lanka 032
Section 3 Summary of This Chapter 033
Chapter 3 Project Significance 034
Section 1 Project Singnificance for Sri Lanka 034
Section 2 Project Singnificance for China 036
Section 3 Summary of This Chapter 037

Part II Project Construction

Chapter 4 Project Overview 040
Section 1 Project Construction Organization Mode 040
Section 2 Information of Project Participant 047
Section 3 Status of Local Production Resources 048
Section 4 General Situation of Construction Site, Surrounding
           Environment and Hydrogeology etc. 050
Section 5 Main Contents of Project Construction 054
Section 6 Analysis of Project Characteristics, Priorities and
           Difficulties 062
Section 7 Summary of This Chapter 065
Chapter 5 Construction Deployment 066
Section 1 Target Management 066
Section 2 Management Organization System 068
Section 3 Construction Sequence and Flow Section Division ... 071
Section 4 Management Risk Analysis and Countermeasures ... 073
Section 5 Construction Preparation 075
Section 6 Organization Coordination 080

Section 7	Construction Arrangement	082
Section 8	Summary of This Chapter	084

Chapter 6 Main Management Measures — 085

Section 1	Project Plan Management	085
Section 2	Engineering Business Management	088
Section 3	Human Resource Management	091
Section 4	Engineering Materials Management	093
Section 5	Engineering Equipment Management	095
Section 6	Engineering Quality Management	097
Section 7	Engineering Safety Management	099
Section 8	Environmental Protection Management	101
Section 9	Social Security Management	105
Section 10	Summary of This Chapter	107

Chapter 7 Key Technologies — 108

Section 1	Peat Soil Foundation Treatment Design and Construction Technology	108
Section 2	Sea Sand Filling Highway Subgrade Design and Construction Technology	122
Section 3	Summary of This Chapter	143

Chapter 8 Delivery, Maintenance and Feedback — 144

Section 1	Completion Acceptance and Open to Traffic Operation	144
Section 2	Engineering Maintenance	146
Section 3	Project Return Visit	148
Section 4	Summary of This Chapter	149

Chapter 9 Exchange of Achievements and Experience — 150

Section 1	Technological Breakthrough and Management Innovation	150
Section 2	Forerunner of Win-Win Cooperation	152
Section 3	Beneficiaries of Cost Control	152
Section 4	Scientific and Technological Innovation and Quality Excellence Achievements of the Project	156
Section 5	Summary of This Chapter	156

Chapter 10 Project Risk Prevention — 157

Section 1	Contract Analysis and Risk Prevention	157
Section 2	Social Legal Risks and Prevention	160

Section 3　Socio-economic Analysis and Risk Prevention　　163
Section 4　Summary of This Chapter　　167

Part III　Win-Win Cooperation

Chapter 11　Win-Win Cooperation　　170
Section 1　Project Inspection　　170
Section 2　Fusion Activity　　173
Section 3　The Celebration to Traffic　　175
Section 4　A Monument of China-Sri Lanka Cooperation　　176
Section 5　Summary of This Chapter　　176

References　　178

第一篇

综 述

斯里兰卡机场高速公路是斯里兰卡高速公路网的重要枢纽工程,是中斯两国的友谊之路,是中斯两国高效合作的重要见证,也是我国"一带一路"项目建设的先导示范性工程。本篇立足于斯里兰卡的战略地位和发展需求,介绍了项目的工程建设及设计概况、斯里兰卡的国家概况,以及项目建成后对于中斯两国未来发展的重大意义等内容。

Sri Lanka Airport Expressway is an important hub project of Sri Lanka's expressway network. This project is a road of friendship between China and Sri Lanka, an important testimony of efficient cooperation between China and Sri Lanka, and a pilot demonstration project for the construction of "Belt and Road" project. Based on Sri Lanka's strategic position and development needs, this article introduces the project's engineering construction and design overview, Sri Lanka's national profile, and the significance of the project's completion to the future development of China and Sri Lanka.

Part I
The General Summary

第一章　项目简介
Chapter 1　Project Introduction

斯里兰卡机场高速公路(简称CKE)是斯里兰卡国家首条高速公路，是连接首都科伦坡和卡图那亚克国际机场的快速通道，被誉为斯里兰卡"国门第一路"。斯里兰卡机场高速公路（CKE）项目由中国二十冶集团EPC工程总承包，是首次采用中国标准设计、施工和验收的国外高速公路。

Sri Lanka Airport Expressway (CKE) is the first highway in Sri Lanka. It is a fast passage connecting the capital Colombo and Katunayake International Airport. It is known as "the first road of the country" in Sri Lanka. The Sri Lanka Airport Expressway (CKE) project, which is the first foreign expressway designed, constructed and accepted by Chinese standards, is the general contract of EPC Engineering of China MCC20 Group CORP., LTD.

第一节　建设概况

中国二十冶集团作为斯里兰卡机场高速公路的总承包商，在建设过程中，不断提高管理水平，确保工程安全、优质、高效推进，为中斯两国的友谊之路进一步巩固和深化贡献了中冶力量。

一、斯里兰卡的"国门第一路"

斯里兰卡机场高速公路能够实现首都科伦坡和卡图那亚克国际机场之间快速陆路连通，形成全国高速公路交通骨干网络，大大缩短出行时间，加快人员流动及货物流通，打通了斯里兰卡经济发展的大动脉，为沿线地区的经济发展发挥了重大作用，带动了港口及周边工业园区和自贸区的发展，为两地未来发展带来新的活力，斯里兰卡机场高速公路的贯通对助推斯里兰卡经济发展具有里程碑的意义。

二、中国标准的海外示范应用

斯里兰卡机场高速公路（CKE）项目由中国二十冶集团EPC工程总承包，是首次采用中国标准设计、施工和验收的国外高速公路。该项目的业主单位为斯里兰卡国家公路部道路发展局（RDA），设计单位为中交第一公路勘察设计研究院有限公司（FHCC），咨询公司为澳大利亚雪山工程咨询公司（SMEC），项目于2009年8月18日开工，2013年9月30日通过竣工验收，2013年10月27日运营通车。

斯里兰卡机场高速公路（CKE）项目的工程总造价3.49亿美元，线路全长25.8km，路面宽26m，双向4车道，设计时速100km/h。该项目设互通区4处，桥梁45座，涵洞137道，服务站3处。海砂路基填筑450万m^3，软基处理碎石桩150万m，二次超载预压126万m^3，混凝土46.69万m^3，沥青混凝土30万t，植树3.5万棵，声屏障2.83km。

三、打造优质工程

中国二十冶集团在项目建设中不断提高管理水平和技术创新，确保工程安全、优质、高效推进，圆满完成了项目建设的各项工作，达到了合同规定的各项要求，受到斯里兰卡政府和人民的广泛赞誉，为中斯两国的友谊之路进一步巩固和深化贡献了中冶力量。

斯里兰卡机场高速公路的成功建成是中斯两国良性互动、互利共赢的成果，有助于文化、教育和民生的援助与交流，有助于中斯两国友谊世代相传，有利于地区的和平稳定与共同繁荣。

斯里兰卡机场高速公路（CKE）项目是中国与斯里兰卡合作共建"一带一路"的成功典范，是中国技术优势和斯里兰卡地缘优势的成功结合，也是中国企业与当地市场优势互补、合作共赢的成功实践，为推动全球经济可持续发展作出突出贡献。

第二节 设计概况

斯里兰卡机场高速公路（CKE）项目位于斯里兰卡国家西部海岸线，起点为科伦坡克拉尼亚大桥，终点为卡图纳亚克国际机场候机楼，其中在NKB到PELIYAGODA IC之间为双向6车道，其余段落为双向4车道。

一、项目设计

项目路线长约25.8 km，另有4.8 km连接线，项目主要工程数量见表1-1。

项目主要工程数量表 表1-1

序号	工程项目		单位	工程数量
1	路线主线长度		km	25.8
2	路线连接线长度		km	4.8
3	路基土方	土方数量	1000m^3	3834.906
		平均每公里数量	1000m^3/km	148.640
4	特殊路基处理		km	9.16
5	防护排水工程		1000m^3	—
6	路面工程		1000m^2	—
7	主线桥梁（含立交主线桥）	特大桥	m/座	—
		大、中、小桥	m/座	1116m/33座
8	涵洞		道	73
9	互通式立交		处	3
10	分离式立交		处	12
11	通道		处	5
12	天桥		处	5

二、项目路线

项目位于首都科伦坡北部，路线沿斯里兰卡西部海岸横贯南北。项目起点位于Peliyagoda的Kelani河，横贯Kelani、Ja-Ela、Dandugam Oya 河冲击平原；然后路线在K19+000附近穿过Negombo Coastal Belt lagoon，再跨越科伦坡-Puttalam铁路，到达本项目终点科图那亚克西部高地并与机场公路相互连接。路线从首都科伦坡起点自南向北到终点穿越的行政区域是：Peliyagoda 区、Wanawasala 区、Hunupitiya 区、Welikadamulla 区、Mabole 区、Muthurajawela 区、Negombo Lagoon 区、Negombo Lagoon 区、Katunayake区。

三、项目主要技术指标

项目竣工交付使用的工程质量全部达到合同技术规范要求,竣工交付使用的工程质量一次验收合格率为100%,杜绝了工程质量等级事故。

项目主要技术指标见表1-2。

项目主要技术指标　　　　表1-2

序号	指标名称		指标值		
一、路线					
1	公路等级		高速公路	高速公路	一级公路
2	设计车速		100 km/h	80 km/h	60 km/h
3	平面	圆曲线一般值	700m	400m	200m
		圆曲线极限值	400m	250m	125m
		不设超高最小半径	4000m	2500m	1500m
4	纵面	最大纵坡	4%	5%	6%
		最小坡长	250m	200m	150m
		凸形竖曲线最小半径一般值	10000m	4500m	2000m
		凹形竖曲线最小半径一般值	4500m	3000m	1500m
		竖曲线最小长度	85m	70m	50m
5	停车视距		160m	110m	75m
二、路基横断面					
6	路基宽度		33.5m	26m	20.0m
7	车道数		双向6车道	双向4车道	双向4车道
8	每车道宽度		3.75m	3.75m	3.5m
三、桥梁涵洞					
9	汽车荷载		公路-I级	公路-I级	公路-I级
10	桥面宽度		2~16.25m	2~12.5m	20m

第三节　工程技术与管理创新

斯里兰卡机场高速公路（CKE）项目在建设过程中，解决了泥炭土施工的诸多技术难题，紧密结合斯里兰卡的经济情况创新管理方式，取得了良好的社会效益和经济效益。

一、首次系统解决了泥炭土设计和施工技术难题

（一）勘察设计

1. 首次试验探明了泥炭土的工程特性，系统揭示了泥炭土与其他软土的显著差异，确立了不同厚度泥炭土地基处理设计原则，提出了泥炭土地区路基施工后沉降控制标准。

2. 基于动态设计理念，提出了泥炭土复合地基超载预压综合处理方法，确立了泥炭土地基处理深度与加载速率、变形速率的限定关系，解决了泥炭土地基处理的世界性难题。

3. 提出了泥炭土地区"长短组合+刚柔相济"的过渡段地基处理技术，解决了桥台"跳车"的技术难题。

4. 提出了海砂填筑高速公路路基的设计方法，确立了全路段海砂路基的环保、生态、耐久设计指标及其细部构造设计准则，就地取材，解决了多雨地区筑路难题，实现了高速公路绿色施工。

（二）现场施工

1. 首创了泥炭土地区起始层作业、先锋层填筑的方法，解决了沼泽、湿地无法作业的难题，发明了深厚泥炭土地基处理成套技术，提高了工效、保证了质量。

2. 提出了泥炭土地区灌注桩成桩设计方法，解决了高速公路桥梁灌注桩成孔、成桩难题，显著降低了充盈系数，保证了施工质量。

3. 研发了"洒水饱和+分级静压"的海砂路基施工方法，提出了高速公路路基海砂填筑施工成套技术，解决了深厚泥炭土地基海砂筑路的难题，保证了海砂路基压实度达到96%以上，缩短工期50%，降低成本35%。

4. 发明了预制装配式拉筋路肩挡土墙，解决了高填方海砂路基的稳定性难题，节约了土地资源。

二、在斯里兰卡率先实现中国标准"走出去"

1. 在斯里兰卡率先实现中国标准"走出去",本项目是国家市场监督管理总局中国标准海外示范应用工程,助力斯里兰卡标准体系建设,实现了合作共赢。
2. 率先在斯里兰卡采用中国员工与属地员工联合管理模式,为斯里兰卡解决就业、培养人才。
3. 熟悉斯里兰卡当地法律、法规,深度了解当地风土人情,积极参与中斯两国文化交流及社会公益事业,带动中斯两国企业的深度融合。

三、实现了良好的经济效益及社会影响

1. 本项目设计先进、施工技术创新、实体质量优良、节能环保效果显著,在工程勘察、设计、施工、管理等方面实现了一系列创新突破,实现直接经济效益近亿元。
2. 本项目通过创新成果应用,解决了泥炭土地基上建造高速公路的世界性技术难题,对泥炭土地基处理及海砂筑路推广应用产生了深远影响。
3. 本项目的建成通车,实现了斯里兰卡人民期待半个世纪的梦想,推动了斯里兰卡旅游和经济发展,受到斯里兰卡时任总统拉贾帕克萨先生高度评价:"中国企业,用先进技术和设备成功建成了一项优质工程"。

综上所述,斯里兰卡机场高速公路(CKE)项目成功将中国技术优势和斯里兰卡地缘优势结合起来,打造了中国技术标准"走出去"和创新示范基地,为推动全球经济可持续发展作出了突出贡献。

第四节 本章小结

斯里兰卡机场高速公路(CKE)项目是中冶集团海外承接的第一个采用中国标准设计、采购、施工验收的EPC项目。项目建设过程中,在设计管理、采购管理、计划管理、施工组织、人员设备调配等方面带来了机遇与挑战,同时也是中冶集团团队技术研发、创新、管理水平的考验。该项目开创了在泥炭土地基上建造高速公路的成功先例,实现了斯里兰卡在亚洲公路建设史上的一次飞跃。

第二章 国家概况
Chapter 2　Country Profile

斯里兰卡是印度洋上的一个岛国，位于印度洋主航道中心线附近，是通往波斯湾、红海、马六甲海峡的必经之路，是船舶来往于印度洋航线上的必经之路和重要的补给地，战略位置十分重要，被誉为"东西方的十字路口"。

Sri Lanka is an island country in the Indian Ocean, it is located near the center line of the main channel of the Indian Ocean. It is the only way to the Persian gulf, red sea and the strait of malacca. It is the only way and important supply place for ships on the Indian ocean route, and important strategic position is very important, is known as "the crossroads between the East and the West".

第一节　斯里兰卡国家概况

斯里兰卡国家地理面积66000km^2，南北长433km，东西宽244 km，环境优美，风景秀丽。斯里兰卡向东连接东亚及东南亚新兴经济体，向西南连接非洲新兴经济体，向西北通过苏伊士运河连接西方发达经济体，具有印度洋门户的战略地位，是中国海上丝绸之路沿线上的关键性节点，具有深远的地缘战略影响力。

一、国家气候

斯里兰卡河流众多，大都发源于中部的山区地带，河流流域面积较小且流势湍急，但水流量却十分丰富。斯里兰卡东部为较低洼的平原地区，湖泊众多，其中以巴提卡洛湖最大，面积为120平方公里。

斯里兰卡属于热带季风气候，终年如夏（图2-1），年平均气温28℃，沿海地区平均最高气温31℃，平均最低气温16.5℃。斯里兰卡没有四季之分，只有旱季和雨季的差别，雨季为每年5月至8月和11月至次年2月，即西南季风和东北季风经过斯里兰卡时，各地年降水量不等，西南部为2540～5080mm，西北部和东南部则少于1250mm。

图2-1 斯里兰卡的气候

二、政治体制

斯里兰卡是一个东西方文化融合、多民族共生的国家,在政治文化、国民教育、国家建设、政府机构设置、办事程序等方面,延续了英国的传统,也结合了东方的惯例。斯里兰卡分为9个省和25个县,9个省分别为西方省、中央省、南方省、西北省、北方省、北中央省、东方省、乌瓦省和萨巴拉加穆瓦省。

斯里兰卡实行三权分立、多党竞争的资本主义制度。斯里兰卡脱离英国独立后,大力发展国家经济,但是取得的成绩并不十分理想,而且在1983年发生了反政府的内战,社会设施被摧毁,斯里兰卡国家发展举步维艰,直到2009年5月18日,斯里兰卡政府宣布击毙了反政府头目,持续了二十多年的斯里兰卡内战才宣告结束。斯里兰卡的社会开始恢复,经济发展势头很好,但是由于数十年来的各种不安定因素,大部分斯里兰卡人的生活都是比较贫困的。

三、经济环境

斯里兰卡内战结束后,政府更加积极地投身于经济建设领域,在自由化进程中,经济增长速度持续加快,各个行业朝着欣欣向荣的方向发展。同时,斯里兰卡积极加入"一带一路"建设中,利用外国资本发展本国经济。在世界银行针对全球185个国家发布的2013年全球营商环境指数中,斯里兰卡排名81位,优于印度、巴基斯坦、孟加拉国,在该地区新兴国家中被视为外资营运基地的进入点。

斯里兰卡这个国家相对来说经济不够发达,但是旅游资源十分丰富,拥有众多的自然文化遗产和独特迷人的文化氛围,旅游业是斯里兰卡经济的重要组成部分。斯里兰卡在僧伽罗语中意为"乐土"或"光明富庶的土地",有"宝石王国""印度洋上的明珠"的美称,被马可·波罗认为是最美丽的岛屿(图2-2)。斯里兰卡的上空满是浓郁的香料味道,这片乐土的魅力则凭借香气的弥漫,罩于古城神殿、森林寺庙之上,而美丽的蝴蝶和鸟类以及充满生气的动物更使得这块土地充满异域风情,让人流连忘返。

图2-2　斯里兰卡的海岸风光

首都科伦坡是斯里兰卡古老的城市之一,国树铁木树和睡莲在街道上随处可见,椰子树高耸直入云霄,郁郁葱葱之中,各种宗教寺院和基督教堂交相辉映,整座城市散发着迷人的气质。位于科伦坡维多利亚公园南侧的国家博物馆是科伦坡的主要景观之一,这里是斯里兰卡最大的文物收藏地,陈列着各个历史时期的珍贵文物,其中最引人注目的是一块明朝郑和下西洋时在斯里兰卡建立的纪念碑,碑顶端刻着中国的图案和文字。

国外游客给斯里兰卡带来了很多旅游收入。游客主要来自欧洲、印度、中国、东南亚等国家和地区。2003~2005年，连续三年到访斯里兰卡的外国游客数量突破50万人，尤其是2009年以后，随着斯里兰卡局势转好，旅游业呈现快速发展势头。

另外，斯里兰卡的农业主要依靠以茶叶、橡胶、椰子和稻米为主的种植。斯里兰卡是世界上最大的红茶生产基地，年产量达2.849亿公斤，茶叶出口额达10.3亿美元，其中，锡兰红茶在世界各地广受欢迎，给斯里兰卡带来丰厚的外汇收入。

斯里兰卡也是一个宝石富集的岛屿，是世界前五名的宝石生产大国，被誉为"宝石岛"。所以在经济发展初期阶段，矿业使斯里兰卡有了初期发展优势，每年宝石出口可以达5亿美元，其中红宝石、蓝宝石及猫眼最出名。

四、社会文化环境

斯里兰卡历史悠久，为多民族国家，宗教众多，文化景观丰富多样，是一个文明古国。早在2万年前，这个岛国就有人类存在，斯里兰卡有文字记载的历史从公元前543年北印度维耶王子及其700位随行人员登上斯里兰卡岛开始算起。这批雅利安人与土著人结合，便产生了僧伽罗族。后来，南印度达罗毗荼人也来到该岛定居，这两个古老的民族为斯里兰卡岛带来了当时世界上先进的印度文化。公元前3世纪，佛教自印度传入，将斯里兰卡的文化推进到一个新阶段。从那时起直到现在，佛教文化在斯里兰卡始终占据统治地位。

斯里兰卡的主要民族有僧伽罗族、泰米尔族、摩尔族（穆斯林）等，其中，僧伽罗族占74.9%，泰米尔族占15.4%，摩尔族占9.2%，其他民族占0.5%。僧伽罗语、泰米尔语同为官方语言和全国语言，上层社会通用英语。居民主要信奉佛教、印度教、伊斯兰教以及天主教和基督教。

斯里兰卡统计与数据署发布数据显示，2012年斯里兰卡人口总数为2033万人，年平均人口增长率为0.7%。斯里兰卡西部省人口数量占全国人口的28.8%，北部地区人口仅占全国人口的5.2%。在各大行政区中，科伦坡大区人口最多，达232万人，北部穆莱蒂武大区人口最少，仅有9万人。

斯里兰卡政府高度重视文化在国家政治和社会发展中所扮演的角色，充分发挥文化在展现斯里兰卡独特魅力、促进民族和解、实现繁荣发展的重要作用。当前，斯里兰卡进入内战后发展时期，经济发展处于起步阶段。政府对文化事业的投入有限，文化基础设施比较陈旧，也影响了与国外的文化交流与合作。目前，中斯文化交流呈现"互通互联"的局面。

第二节　斯里兰卡交通建设状况

由于工业基础薄弱，斯里兰卡政府无力投资基础设施项目的建设，目前进行的建设主要依靠国际金融机构或双边援助实施，政府鼓励本国私人或外国投资者以"建设–经营–转让"模式参与建设。

一、交通建设管理现状

近年来，斯里兰卡政府将工作重心全面转移到战后重建上，把引进外商投资这项重要的宏观调控政策作为国家发展目标，对外国直接投资维持一贯的政策支持和法律保护，已形成宽松的营商环境，市场经济格局基本形成。政府对基础建设、民生经济建设项目更加支持并助力运行，为工程建设招商提供了快捷、高效的基础环境，推动工程项目建设管理体系持续改进（图2-3）。

政府立项投资建设的项目由对应政府部门实施全过程管理，政府部门作为建设项目的业主，按照甲方的权利、义务和责任，执行项目的工期计划、财务计划、质量控制。同时，接受国家设立的第三方机构，如健康与安全管理、环境评价、信息技术、专业技术委员会、人力社会资源体系和部门的监督、评价。

图2-3　斯里兰卡的交通

二、高速公路网现状

截至2020年底，斯里兰卡全国高速公路建成通车运营约271.676km，一级公路4217.420 km，二级公路8007.241 km。除此之外，斯里兰卡全国公路A级路和B级路（相当于国道）总里程为1.22万km，C级路和D级路（相当于省道）总里程达到1.65万

km，E级路（农村道路）及其他道路总里程达到8.87万km。全国公路密度达到每平方公里1.6km，在南亚国家中排名靠前。全国公路（各级）投资建设、运营、维护、管理权归口国家公路部道路发展局。

进入21世纪，斯里兰卡加快了经济发展的步伐，加大了高速公路项目民生重点工程建设。根据斯里兰卡国家高速公路发展规划，截至2020年3月，已建成通车的机场高速公路（CKE）项目（图2-4）、科伦坡外环高速公路项目（OCH）、科伦坡马特拉及延长段、汉班托塔南部高速公路项目等，初步形成了以科伦坡为中心，辐射全国的交通网络，国家高速公路交通框架逐步形成。

斯里兰卡《每日新闻》2020年12月9日报道，斯里兰卡高速公路部长约翰斯顿·费尔南多表示，政府将在5年内，按照"繁荣与辉煌愿景"的设想，完成高速公路和10万km公路网建设。

综上所述，斯里兰卡位居印度洋上的交通关键节点，地理位置十分重要，又是"一带一路"的沿线国家，近年来社会经济环境持续向好，为中国企业在斯里兰卡发展提供了较好的投资环境。

图2-4　斯里兰卡机场高速公路（CKE）项目

第三节　本章小结

本章通过分析斯里兰卡当地气候、政治体制、经济与社会文化环境、交通建设管理现状，为类似工程提供宝贵经验和借鉴依据。

第三章　项目意义
Chapter 3　Project Significance

斯里兰卡机场高速公路（CKE）项目被誉为斯里兰卡"国门第一路"，历经了46年，先后由第三国承建商尝试建设均未完成。中国二十冶集团仅用了4年时间建成通车，该工程向世界展示了一条黄金通道和经济走廊，将助力斯里兰卡抓住"21世纪海上丝绸之路"巨大发展机遇，向建设"南亚经济中心"的目标迈进。

The airport expressway (CKE) project in Sri Lanka is known as "the first road in Sri Lanka". After 46 years, it has been tried and constructed by third country contractors without success. It took only four years for China MCC20 Group Co., Ltd. to complete and open to traffic. The project shows the world a golden channel and economic corridor, and will help Sri Lanka seize the great development opportunity of the "21st century Maritime Silk Road" and move towards the goal of building a "South Asian economic center".

第一节　项目对斯里兰卡的意义

斯里兰卡机场高速公路（CKE）的建设不仅极大改善了斯里兰卡的交通状况，缓解了交通压力，助力了斯里兰卡的经济发展，改善了人民生活质量，同时，也很好地提升了斯里兰卡的国家形象。

一、极大改善了交通状况

进入21世纪，斯里兰卡交通建设进入一个新阶段，规划形成600km的高速公路网，中国二十冶集团承建的斯里兰卡机场高速公路（CKE）项目则列为国内第一个高速公路项目。本项目的建成将大大缩短首都科伦坡至卡图纳亚克国际机场的行车时间，缓解交通严重拥堵的现状，改善项目沿线区域交通严重拥挤的局面，特别是分流了斯里兰卡A3干线公路的交通量，提升了干线公路的通车效率。

二、助力斯里兰卡经济和社会发展

斯里兰卡机场高速公路（CKE）项目是两国互惠共赢的重要成果，不仅可以直接满足斯里兰卡经济社会发展对交通便利的需求，帮助和带动公路沿线社会和经济的发展，而且在项目施工和运营过程中中冶集团注重履行社会责任，通过培训当地员工、分享管理经验、服务当地社会等多种方式来促进当地人民技术能力提升和经济收入增加，切实改善了当地人民的生活质量。

三、提升了斯里兰卡的国际形象

近年来，斯里兰卡制定了宏伟的基础设施发展计划，并且建设了涵盖电力能源、交通运输、水利水务和通信等领域的一大批重点工程，但斯里兰卡仍面临基础设施整体相对落后的局面。中国二十冶集团建设的斯里兰卡机场高速公路（CKE）项目（图3-1），不仅极大缓解了交通压力，还为吸引外来投资提供了良好的环境，大大提升了斯里兰卡的国际形象。

图3-1　斯里兰卡机场高速公路KAT立交

第二节　项目对中国的意义

斯里兰卡机场高速公路（CKE）项目不仅实现了良好的经济效益，在建设过程中也创新了项目施工技术和管理模式，从而有力地提升了中资企业在海外的形象，提高了中国在南亚地区的影响力。

一、提升了海外项目企业形象

随着"一带一路"建设越来越显示出强大韧性和旺盛活力，斯里兰卡作为"一带一路"沿线重要国家，中斯两国有关合作卓有成效。斯里兰卡机场高速公路（CKE）项目自建设以来，项目进展受到了斯里兰卡相关政府部门及官员、国家电视、广播、报纸等的关注。在项目运营通车典礼之际，受到斯里兰卡时任总统拉贾帕克萨先生高度评价："中国企业用先进技术和设备成功建成了一项优质工程"。当地媒体《每日镜报》报道指出：欧洲工程承包商无法完成的项目，由中国企业按照中国标准，采用中国技术，解决了泥炭土地基上建造高速公路的世界性技术难题，实现了"斯里兰卡在亚洲的飞跃"。

斯里兰卡机场高速公路（CKE）项目的建设与完工，切实践行了中国倡导的互利共赢国际合作理念，为中国企业"走出去"，融合国际市场，承揽项目起到推动作用。

二、创新了企业技术管理模式

斯里兰卡机场高速公路（CKE）项目在工程勘察、设计、施工、管理等方面实现系列创新，通过创新成果应用，实现直接经济效益近亿元。本项目解决了泥炭土地基上建造高速公路的世界性技术难题，对泥炭土地基处理及海砂筑路推广应用影响深远。

管理模式方面，斯里兰卡机场高速公路（CKE）项目作为中冶集团走出国门的第一条EPC总承包高速公路项目，国内经验难以借鉴，一切皆要从头做起。面临内部可利用资源少、管理链条长、管理层级多、项目准备和运作期长、总体成本压力大等问题时，项目经理部以创新促发展，建立了以设计、采购、施工为控制要素的三大管理系统，模拟项目管理公司的方式进行运作，充分发挥专业化管理的优势，以此落实岗位责任，明确责任目标，有效提高了EPC项目的管理效率。

三、提高了中国在南亚地区的影响力

中国企业承建斯里兰卡首条高速公路，展现了企业先进建造技术水平，提升了企业国际市场的竞争力、影响力。斯里兰卡作为地处印度洋战略要冲的岛国，是我国加强与印度洋其他国家合作交流的重要桥梁。通过打造中斯两国之间友好相处的典范，提升我国友好合作的外部形象，发挥互利互惠、共同发展的示范性作用，使得南亚地区的国家能够正确理解和对待我国"一带一路"建设，进一步提高我国在南亚地区的战略影响力。

由此可见，斯里兰卡机场高速公路（CKE）项目的建设具有重要意义，不仅很好地实现了斯里兰卡人民的梦想，也提升了中国企业的形象，提高了中国在南亚地区的影响力，是合作共赢的典范。

第三节 本章小结

斯里兰卡机场高速公路（CKE）项目建成通车，将首都科伦坡至卡图纳亚克国际机场的行程时间由1.5h缩短到0.5h，改善了交通拥堵状况，助力了当地旅游及经济发展。中国企业承建斯里兰卡首条高速公路，展现了企业先进建造技术水平，提升了中国企业在国际市场的竞争力、影响力。

第二篇

项目建设

斯里兰卡机场高速公路（CKE）项目工程路线穿越泥沼湿地、泄湖区和居民区，面临着地质情况复杂、当地资源匮乏、劳动技能熟练度不够等困境，而且还要攻克在泥炭土地基上建造高速公路的世界性筑路难题。中国二十冶集团用了4年时间建成通车，打造了第一条精美的"黄金通道"，将中国方案、中国技术、中国智慧带给了"一带一路"沿线国家人民。

The engineering route of Sri Lanka airport expressway project (CKE) passes through swamp wetland, lagoon area and residential area. It is faced with difficulties such as complex geological conditions, lack of local resources and insufficient labor skill proficiency. In addition, it is also necessary to overcome the worldwide road construction problem of building expressway on peat soil base. It took MCC 20 four years to complete and open to traffic, creating the first exquisite "golden channel", bringing Chinese solutions, Chinese technology and Chinese wisdom to the people of countries along the "the Belt and Road".

Part II
Project Construction

第四章　项目概况
Chapter 4　Project Overview

斯里兰卡机场高速公路（CKE）项目位于斯里兰卡的西部海岸线，起点首都科伦坡至终点卡图纳亚克国际机场。工程路线穿越泥沼湿地、泄湖区和居民区，面临着地质情况复杂、当地资源匮乏、劳动技能熟练度不够等困境，而且还要攻克在泥炭土地基上建造高速公路的世界性筑路难题。

The Sri Lanka Airport Expressway (CKE) project is located on the western coast of Sri Lanka, starting from the capital Colombo and ending at Katunayake International Airport. The project route traverses bog wetlands, drainage lakes and residential areas, facing difficulties such as complicated geological conditions, lack of local resources, and lack of labor skills. Moreover, it has to overcome the worldwide road construction problem of constructing highways on peat soil foundation.

第一节　项目建设组织模式

斯里兰卡机场高速公路（CKE）项目采用EPC工程总承包模式。EPC（Engineering Procurement Construction）是工程总承包模式之一，中冶集团受斯里兰卡公路部道路发展局的委托，按照合同约定对斯里兰卡机场高速公路（CKE）的设计、采购、施工、试运行等实行全过程的承包，并对该项目的质量、安全、费用和进度负责。

一、采用工程一站式管理模式

斯里兰卡机场高速公路（CKE）项目的全过程采用"直线+矩阵"一站式管理，即设立项目管理部，以项目经理为核心组建"高效精干"班子团队，成立11个职能部门、若干个专业作业班组。项目施工过程中，以项目经理的指令为各项工作、工序的关键线路和节点要求，各职能部门完成P-D-C-A工作循环（P即Plan计划，D即Do执行，C即Check检查，A即Action行动），工程资源由职能部门安全、科学、经济、统筹调配，以实现合同目标。工程一站式管理的精髓在于实施"一杆子"到底的工作考核和计量。

二、采用中国标准进行设计

由于斯里兰卡机场高速公路（CKE）项目采用的是EPC总承包管理模式，不仅在主体设计、采购、施工等环节采用了中国标准，而且检查、验收、交付等环节也都遵循了中国标准。

在采用中国标准完成项目设计的同时，该工程项目也"入乡随俗"，融入了斯里兰卡当地的文化和传统。比如，收费站单体建筑设计（如收费大棚、管理中心等）符合斯里兰卡当地文化和建筑风格，高速公路上的交通标志、标线采用斯里兰卡公路部设计图集、设计规则（图4-1），绿化防护工程（收费站广场园林设计）也参考当地与周边环境保护相结合的设计原则。

图4-1 斯里兰卡机场高速公路标志工程

三、采用集约化的采购方式

在劳动力和主要材料及设备的采购上，斯里兰卡机场高速公路（CKE）项目采用集约化的采购方式，包括分包方人力资源采购管理和分供方资源采购管理。

（一）劳动力采购

本项目所需的劳动力主要来自于中国或斯里兰卡本地。中国籍员工中，项目部管理人员由公司派遣，分包商人员由分包商派遣，项目部自带班组通过劳务派遣方式参与工程。当地籍员工中，项目部管理人员由项目部同个人签署劳动合同，中国分包雇佣的当地工人由项目部同当地劳务公司签署劳务派遣合同，当地分包的员工由分包人派遣。

（二）主要材料采购

本项目采购的主要材料包括钢筋、水泥、石料和钢绞线等。钢筋主要在斯里兰卡当地采购，好处是无需经过斯里兰卡技术质量管理局的复检，节约时间，可以按需分配送货，避免存储成本，可定尺加工，降低钢筋损耗，卢比支付，不受斯里兰卡外汇管制影响，若卢比持续贬值，可节约成本。水泥采购优先选用有存储设施的印度水泥的斯里兰卡经销商，通过经销商签订大宗散装水泥合同，锁定数量和价格。石料一部分通过毛石加工获得，另一部分通过外部供应商供给。钢绞线等钢材主要由国内采购，并且以业主名义进口，可以免除进口税费。

（三）主要设备采购

部分消耗量不易控制的小型工机具以分包商自带为主，大型施工机械设备以项目部统一提供为主。此外，还要根据工程需要购置新设备。施工过程中自有设备不能满足需求的，将从当地市场临时租赁。承担路基施工的当地合作分包商，设备全部由其自行解决。

四、采用属地化联合施工

参与斯里兰卡高速公路项目的普通劳动力从斯里兰卡当地招聘，技术工人从国内具备劳务资质的作业班组招聘。属地化联合施工的方案，即采取与当地具备该国建筑企业施工等级的专业公司签订劳务分包合同的方式，按照当地用工法律规定，签订劳务合同，缴纳社会保险及税金。

在项目施工作业管理全过程中，制定劳务用工管理制度以及用工考核制度。实行中国技术工人与当地工人以"帮、学、带"混合制班组组合模式，具有降低成本和解决当地就业的双重效果，为工程项目在合同工期内完成提供了坚实的保障。

五、采用中英标准互联互通设计

韩国大宇及Keangnam合资公司（DKJV）以设计、施工及转交（DBT）的方式承包了本项目，但由于报价等原因，双方合同中止，工程于2002年12月停止，约9km的路基已经进行了部分填筑和软基处理（图4-2），部分便桥已经施工，但未进行构筑物的施工。

此后，SMEC国际咨询公司在2003～2005年间对工程进行了工程优化研究并进行了概略设计。SMEC国际咨询公司的工程优化研究内容翔实、论据充分。因此，中冶集团的施工图设计基本上采用原有路线方案，部分路段采用英国规范中的路线设计部分进行设计。

本次施工图设计为减少返工，先进行方案设计，待方案经业主和设计咨询单位同意后，再开展施工图设计。在方案设计阶段仅做测量和踏勘，施工图设计阶段进行地勘工作。

图4-2 原有的部分填筑和软基处理

（一）方案设计阶段

本项目施工图设计基本上采用原有路线方案，按照中国标准尽量在占地红线范围内微调，对于可能超出占地红线或与中国标准不完全符合部分，将与本项目的业主和设计咨询单位进行沟通。工程项目组在这一阶段需要进行测量、踏勘、调查、静力触探等，并完成所有方案设计，尽量将所有方案与业主沟通一致。

（二）施工图设计阶段

方案设计文件经业主和设计咨询单位同意后，开展施工图设计，根据方案调整情况开展必要的外业补充测量和踏勘，同时全面开展地勘工作，优化路线平面、纵面设计，调整路基、路面、桥梁和立交方案；根据钻探和试验结果优化软基处理设计，优化交通工程及附属设施设计；开展详细设计工作，完成各专业设计计算书和设计图表；

翻译设计图表及必要的计算书，配合中冶集团进行项目招标及开工。

（三）准备与外业阶段

收集本项目前期有关文件、不同比例尺地形图、地质图等资料，研究业主要求、韩国公司的设计资料和其他项目区域的情况。根据已有的路线设计资料和现状，在1:2000地形图上进行纸上定线，通过平、纵、横设计及构筑物布设，局部修改完善原有的路线方案，提出外业定测和调查的路线方案。安排对原有的平面、高程控制网进行检测和恢复，不满足要求的进行补充测量，并对有关成果进行检查、验收。根据纸上选定的路线方案进行实地放线，各专业进行沿线外业调查，对局部不合适的路线进行改移，同时开展静力触探地勘工作。对已施工过的软土路段进行观测和检查，进行2个月8回合的观测，并对其进行评价，提出对泥炭土地基利用处理措施。待业主及设计咨询单位方案审查通过后，补充路线踏勘，同时全面开展地勘工作。对于软基地区，以三轴试验为主。

（四）内业设计阶段

内业设计阶段，将本项目涉及的设计标准、规范翻译成英文版，以便于与业主和设计咨询单位进行技术沟通与交流，编制技术规定。根据项目的具体情况和外业调查资料，提出方案设计中期成果，供业主和设计咨询单位中期审查。根据中期审查意见对设计方案进行调整，做好总体设计和各专业设计的相互协调，全面开展方案设计工作，提交方案设计文件，供业主和设计咨询单位审查。

根据方案设计审查意见，对总体方案进行优化设计，同时开展地勘工作，各专业进行分项工程施工图设计，落实技术方案，绘制工程图表、计算工程数量；编写设计说明书，详细阐述设计标准、项目规模、自然地理概况、总体设计思想、分项工程设计情况、环境保护措施、筑路材料、总体施工方案、重点施工方法以及预算编制原则、依据、计算说明等情况；设计内部审查与质量检查验收，成图与出图，编制施工图设计汇报简本，制作汇报投影和影像，为业主和承包人宣传做准备。

（五）勘察设计阶段

根据本项目总体要求，通过对本项目特点、重点、难点的分析理解，按合同要求的时间完成施工图勘察设计。为顺利完成本项目的勘察设计工作，项目部调集技术骨干人员成立了"斯里兰卡机场高速公路（CKE）测设项目组"，统一指挥与协调项目勘察设计工作。为保证设计进度，项目部制定了一系列进度保证措施，加强与总承包单位的沟通和协商，加强事先指导，避免重大方案变更。实行技术经济责任制，使职工的收入与完成的设计质量和数量直接挂钩，进行奖励和惩罚相结合的考评方式。

六、交付优异的设计成果

（一）软基处理设计成果

斯里兰卡机场高速公路（CKE）位于太平洋沿岸，存在大量的泥炭土和有机质土，土的物理力学指标非常差，给路基设计增加了难度。软土地基处理方案的好坏直接影响工程施工进度、工程质量和工程造价，也影响运营阶段的维护。此外，考虑斯里兰卡当地的机械水平，管桩等方法难以采用，而采用更加易于预制的方桩方案，这在我国高速公路中应用较少，造价较高，经验相对不足。部分路段软基已进行了处理，并具有一定的沉降观测资料，但时间较久且资料不足，需继续进行一段时间的沉降观测和地基评价。

由于沿线地质情况较为复杂，多为腐殖质含量较高的泥炭土，根据国内项目的成功经验，对未施工路段，首先考虑采用砂桩、塑料排水板以及一般预压进行处理，若以上方法不能满足规范要求，则采取预制方桩；对已经填筑的路基，首先进行沉降、稳定观测，然后根据观测资料进行反分析、计算、评价，验算其各项指标是否满足规范设计要求，否则采取超载预压或其他处理措施予以补强。

外业期间，地质钻探单位应摸清地质情况，在原有地质资料的基础上布设大量静力触探孔和钻探孔，为施工图设计提供详尽的基础资料。此外，约9km左右的路基已不同程度地进行了填筑，并搁置数年，经历了多次雨水冲刷，部分边坡已破坏，压实度也有一定的衰减（图4-3）。

图4-3 原有的部分填筑和软基处理

(二)桥涵设计成果

桥涵设计是本项目的一个重点和难点,原韩国公司设计采用的桥梁上部结构形式,混凝土和钢绞线用量很大,经济效益较差,但考虑报价问题,未作优化。本次设计中,对桥梁上部结构进行了优化,在征得业主和设计咨询单位的同意后,采用空心板、大空板及小箱梁结构(图4-4)。

图4-4 斯里兰卡机场高速公路K25桥梁结构搭建

(三)外业测量成果

本项目早在1999年前已完成了控制测量和1:2000的地形图,本次重点是恢复原有控制点位,为施工放样提供条件。由于本项目地区的投影方式、地球长轴半径及扁率等参数均与我国不同,控制测量前需与有关部门核实,并且调整GPS仪的有关参数。

(四)地质勘察成果

本次勘察查明了软弱土层在平面和深度上的分布规律、各项岩土工程性质,并提出了合理、经济的地基处理。本次勘察也查明了各构筑物所处地层结构特征,特别是采用的桩基设计的相关参数,评价桩侧上部欠固结软土所产生的负摩阻的影响以及各类型桩的成桩可能性。

综上所述,斯里兰卡机场高速公路(CKE)项目采用工程一站式管理模式、参照中国标准进行设计、采用集约化的采购方式和属地化联合施工,特别是一体化的施工设计作业,保证了工程按照预定计划顺利实施,取得了良好的实际效果。

第二节 项目参建单位情况

斯里兰卡政府通过国际招标的方式,将本项目交由中国二十冶集团以设计、建造、移交的方式承建高速公路。项目建设的所有重大环节均采用国际招标模式,来自中国、美国、澳大利亚等多个国家资质优秀的企业贡献了优势力量,全力保障了斯里兰卡机场高速公路(CKE)顺利建成通车(表4-1)。

斯里兰卡机场高速公路(CKE)参建单位　　　表4-1

序号	单位性质	单位名称
1	建设单位	斯里兰卡国家公路部道路发展局(RDA)
2	工程总承包单位	中国二十冶集团有限公司(MCC20)
3	设计单位	中交第一公路勘察设计研究院有限公司(FHCC)
4	施工单位	浙江省建材集团有限公司
5		浙江省建投交通基础建设集团有限公司
6		江苏地基工程有限公司
7		河北恒源丰工程有限公司
8		Thambapanni Trading House Pvt Ltd(SLLK)
9	咨询公司	澳大利亚雪山工程咨询公司(SMEC)

第三节　当地生产资源状况

斯里兰卡机场高速公路（CKE）项目在建设过程中，充分合理利用当地资源，保证了项目顺利实施，并取得较大经济效益。当地资源主要包括人力资源、施工机具、大宗材料、半成品材料、交通设施设备、供水供电设施等，对这些资源的有效利用，不但体现了这个项目的管理水平，也反映了一个国家对外经济技术合作水平。

一、人力资源状况

1. 当地劳动力资源。斯里兰卡当地的劳动力基本能够满足项目要求，一般劳动力工资为300～350美元/月，比国内同类人员工资水平略低。可以通过当地劳务中介公司雇佣；也可直接聘用，需上缴养老金和失业险金，占工资额的12%左右。

2. 工程管理人员和技术工人。部分工程管理人员和技术工人可以在当地雇佣，工资为800～2000美元/月，其中优先选聘可使用中文交流的留学生。应聘的岗位有翻译、工程测量、环境管理、工程协调员等。实行中国技术工人与当地工人以"帮、学、带"混合制班组组合模式，从而提高劳动力的技术水平。

二、施工机具状况

1. 当地工程设备、机具缺乏。高速公路建造所需的专业设备，如大型起重吊装设备、专业预应力钢筋张拉设备均没有租赁渠道。商品混凝土、沥青混凝土供应能力不能满足工程需求。

2. 采取的应对措施。做好工程所需设备、机具的选型、数量确定、采购等工作。根据工程进度，提前做好计划，及时进行采购，并做好运输准备，为项目的顺利进行做好后备保障。

根据工程进展和斯里兰卡国内的设备市场供应情况，施工设备随着工程需要陆续组织进场。在斯里兰卡国内可以租用和采购的设备，原则上就地租用和采购，在斯里兰卡国内没有的设备，将由中国公司内部调入、采购和进口或由第三国采购和进口。

就地租用和购买的设备，采用车辆运到施工现场。临时进口的施工设备采用海运运抵科伦坡，再由车辆运至施工现场。

三、材料的来源、加工与供应

斯里兰卡机场高速公路（CKE）项目所需材料的来源包括当地采购、中国国内采购和第三方采购。

1. 大宗材料的供应。海砂由斯里兰卡农垦与土地开发公司提供，钢材与沥青由第三方采购或由国内采购后进口斯里兰卡，水泥由当地采购买入，原材石料采用定点采购方式供应。

2. 成品、半成品加工与供应。混凝土、碎石、矿粉、沥青混合料等均为自行组织生产和供应，在主营场地内设混凝土搅拌站、碎石破碎站、矿粉粉磨站、沥青混合料拌合站等，实现现场加工作业。预制构件分为三个部分设置，分别为小型预制构件场与先张法空心板梁预制厂设在主营场地内，后张法箱梁预制场设在现场，就近预制以减少箱梁运输难度。海砂主要供应混凝土搅拌站用砂、排水及防护工程用砂、房建工程用砂。

四、物流环境和清关状况

斯里兰卡物流环境秩序良好，项目所需物资可经陆路、海运以及空运实现。项目物资运输和清关手续烦琐复杂，各种税负及法律、法规条款、项次重复。用于项目实体工程的材料和设备以业主的名义进口，免除所有进口税费，其他承包商进口的施工设备、周转材料和工机具等，照章纳税。进口程序合法合规，选择专业的清关代理公司负责清关和运输，确保及时清关、运输物资到施工现场，避免滞港。

五、供水供电情况

斯里兰卡国家公共设施相对落后，民生所需的供水、供电不能满足需求。项目沿线现有的供电设备陈旧，线路老化，供发电量不足，租用的变压器安装困难。市政供水管网尚未建成，没有生活供水管道，当地居民打井水饮用。

综上所述，海外工程项目由于远离中国，施工可变因素多，对资源要素的利用具有一定的特殊性，而组织施工所需要的各种资源不可能、也不必要全部在国内备足，加之所在国政治、经济和环境条件复杂，如果不能充分有效地开发与利用各类资源，往往会造成意想不到的困难。这就需要中冶集团不但要熟悉了解驻在国及周边区域内的各种资源，更要研究并将其充分调动起来为项目所用，取长补短，互惠发展，求得共赢。

第四节 施工场地、周围环境及水文地质等概况

在项目建设期间，周围环境和水文地质勘察是各个项目施工的重要内容，勘察结果的准确性将直观影响工程建设的施工质量。为此，勘察工作要严格按照标准工作流程展开，对相关的水文地质勘察要准确，为工程安全质量提供有力的保障。

一、项目沿线地形地貌

斯里兰卡机场高速公路（CKE）项目的地形主要是以沼泽地为主，地面标高在海平面附近（略高于海平面或略低于海平面），一般为-0.40~0.40m，工程区的地貌可归类为沿海冲积平原、河流阶地和海岸阶地。线路上最高地形为A3公路的交叉口（K7+196），标高为9.43m，最低地形为丹杜伽姆河(Dandugam Oya)河底（K18+887），标高为-3.18m。原始线路所经过的大部分地区被水淹没，现经人工回填修筑便道等前期施工，原始地貌有了很大的改观。在K22+400~K24+400段内有两部分总长为1.3km的路基穿越泻湖区，另外，斯里兰卡机场高速公路（CKE）主线自A1、A3公路交叉口作为起点，在K7+196及K24+715位置与A3公路两次相交，沿线地形地质状况如图4-5和图4-6所示。

沿线主要地貌特征如下：

图4-5 斯里兰卡机场高速公路沿线地形地质状况一

图4-6 斯里兰卡机场高速公路沿线地形地质状况二

1. 从起点～K3+130，为冲积平原、沼泽地。在K1+700～K2+200段为垃圾场，沼泽地不连续地分布，垃圾场周围的沼泽地内生长着大量的1～2m的巨蜥。本工程区部分地段被建筑物及道路覆盖，交通方便。尼甘布（Peliyagoda IC）从主线的K2+285处通过，连接线连接科伦坡至康堤（Kandy）的A1公路和科伦坡至帕特拉姆（Puttalam）的A3公路。

2. K3+100～K5+350。属于河流阶地，未回填，多为建筑物及道路覆盖，交通方便。

3. K5+300～K7+060。为冲积平原、沼泽地、河流漫滩交替出现，线路从K5+750、K6+165、K6+586三次通过卡鲁河（Kalu Oya），该区域大面积积水，交通不便。

4. K7+060～K7+240。属于河流阶地，也是本线路通过的海拔最高的地段，在K7+250之前主线路线未进行地基处理。

5. K7+240～K22+405。属于冲积平原，为大片的沼泽地带。本区段大部分地段进行了不同程度的回填、便道施工、地基处理。贾艾拉河(Ja-Ela)从K15+518处通过，丹杜伽姆河(Dandugam Oya)从K18+896处通过，该河河底高程为－3.109m，为本工程区最低点。贾艾拉河(Ja-Ela)互通从K16+058处通过，连接土德拉（Tudella）到坡匹堤亚（Bopitiya）的地方公路和A3公路。

6. K22+405～K24+390。尼岗坡（Negombo Lagoon）泻湖区，水深为0.5～0.7m，水面几乎不受潮汐影响，日变幅仅0.2m，其中K22+400～K22+970及K24+127～K24+390段尚未进行回填。K22+970～K23+500回填碎石，K23+500～K24+127回填中粗砂。

7. K24+400～K25+800。卡图那亚克（Katunayake）段，为海岸阶地（Coastal

Terrace）。线路在K24+723处再一次穿过A3公路。本区段地表已被现有建筑或道路覆盖，交通方便。卡屯那亚克（Katunayake）互通连接A3路及机场路。

二、工程地质情况

本项目路线通过路段属于泥沼和湖相沉积地段。泥炭层一般为8~10m，最大厚度为12m，硬壳层为0~6m，其中，前8.0km泥炭层比较集中，地质条件相对较差。全线地层分类如下。

1. 泥炭和泥炭质土（Pt）。厚度为4~8m，最大厚度10m，是主要的软土层，该层标准贯入（简称标贯）击数$N_{63.5}$为0~2击；灰褐、黑褐色，软塑状，天然含水率为44%~329%，最大含水率为495%，天然密度为10.9~17.6kN/m³，孔隙比为1.0~7.0，有机质含量为10%~56%。固结系数为0.1~0.5cm²/s，压缩模量为1.07MPa。

2. 高液限淤泥质黏土（OH）。厚度为2~5m，也属于软土层，该层标贯击数$N_{63.5}$为3~6击，灰褐、黑褐色，软塑状，天然含水率为40%~100%，天然密度为14.0~19.0kN/m³，孔隙比为1.0~2.0，固结系数为1.0~1.1cm²/s，平均值为0.5cm²/s。

3. 低液限黏土（CL）。厚度为2~5m，该层分布在硬壳层或夹层中，标贯击数$N_{63.5}$为7~20击，浅褐、杂色，软塑状，天然含水率为30%~70%，天然密度为15.0~20.0kN/m³，孔隙比为0.8~1.2，固结系数为3.0cm²/s。

4. 粉质岩、黏土质岩（SM、SC）。该层一般分布在地面表面，标贯击数$N_{63.5}$为6~30击，浅褐、黄褐色，天然含水率为15%~20%，天然密度为18.0~20.5kN/m³，孔隙比为0.5~0.8，固结系数为8.0cm²/s。

5. 级配良好砾、砾质砂（GW、SW）。该层标贯击数$N_{63.5}$为10~30击，灰色，软塑状，天然含水率为15%~20%，天然密度为19.0~21.0kN/m³，孔隙比为0.5~0.8，固结系数为10cm²/s。

6. 无机粉土（MHO）。该层标贯击数$N_{63.5}$为2~20击，浅褐、黄褐色，软塑、硬塑状。

7. 无机粉土（MHO）。该层标贯击数$N_{63.5}$大于50击。

三、气象情况

斯里兰卡位于南亚地区，属于热带气候，西南季风为全年主导风向。本区内雨量充沛，热带季风伴有明显的季节性降雨规律，科伦坡及周边地区年平均降雨量在3400mm

左右，西南季风在5~7月间带来近50%的降雨，即第一个雨季，第二个雨季在10、11月，全年下雨天数为150天左右。11月至第二年4月间为干旱季节，全年平均气温为28℃，多年平均最低气温为18℃，最高为32℃。

四、水文情况

1. 地表水。自南向北线路依次通过凯拉尼河（Kelani）、卡鲁河（Kalu Oya）、贾艾拉河（Ja-Ela）、丹杜伽姆河（Dandugam Oya）几条河道及尼岗坡（Negombo Lagoon）泻湖区。

2. 地下水。沼泽地带的地下水位，一般非常接近现有的地面标高或者在现有的地面标高之上。填土地区地下水位在3~7m，这时地下水位处于地面标高以下，泻湖区的地下水位离现有的地面标高为0.5~1m。本工程区地下水为潜水及基岩裂隙的承压水，地下水潜水补给来源于大气降水的垂直渗入，排出以蒸发为主，承压水的补给来源主要为场地东部高地地下水径流补给，地下水变幅不大，潮汐影响不大。

3. 水的腐蚀性。根据已取水样分析K1+950地下水、尼岗坡（Negombo Lagoon）泻湖区地面及地下水、丹杜伽姆河（Dandugam Oya）地下水等具有强腐蚀性，K0-K1、K4-K5、丹杜伽姆河（Dandugam Oya）、贾艾拉河（Ja-Ela）河水具有弱腐蚀性，其他地区无腐蚀性。

五、环境状况

项目区地表土壤类型不多，由于地处平原，海拔高差不大，仅可分为大面积常年积水的泻湖区、可被水淹没的沼泽区和不能被水淹没的阶地区，动物、植物种属的垂直分层不明显，但水平分区明显。在泻湖区生长着浅海的海洋生物，在沼泽区生长着芦苇、高草、椰树等喜水植物，水鸟、鳄鱼、巨蜥和鱼类等动物，在阶地区可见各种阔叶乔木及针叶灌林。沿线几乎没有农田，多为自然植物覆盖，原始生态环境优良。

六、交通状况

本项目主线从南至北基本上与现有A3公路是平行走向的，起点与A1、A3公路相交，分别在K7+196和K24+715位置两次穿过A3公路，沿线及PEL立交、JAE立交均有自A3公路进入的地方公路，涉及进入道路约十七处，交通十分方便，项目周围的交通状况如图4-7所示。

图4-7 项目周围的交通状况

进入现场道路较多,但除了几处可以通行双向以上车道的地方道路外,其他只能作为人员进入通道,不能作为主要施工便道使用。大宗设备、材料及预制构件等进入现场,仍然要通过几处主要的道路,沿线施工便道显得十分重要,经常的维修和保养是十分必要的。

七、项目施工场地

本项目工程原由大宇及Keangnam合资公司(DKJV)承担,但已于2002年12月停止施工。现有情况是约从K8+700-K22+400段已形成了部分路基填筑,另有部分路基已进行了处理,但处理的效果不理想。本次设计是将原路基作为现有地面来处理,以重新勘测的地质勘察资料作为设计依据,除已填筑路基部分路段无需进行重新处理的之外,其他路段仍需要进行重新处理及填筑。在主线K0+390和Peliyagoda IC连接线PK1+535处各有一座已经建好的桥梁,业主要求必须利用。沿线部分路段的施工便道已形成,但仍需要进行维修加固处理。

由此可见,斯里兰卡机场高速公路(CKE)项目的地形主要以沼泽地为主,泥炭层比较集中,地质条件相对较差,且斯里兰卡降水较多,环境状况复杂,为项目施工带来很多不利因素。有效克服这些不利因素,是保证工程顺利实施的必要条件。

第五节 项目建设主要内容

斯里兰卡机场高速公路(CKE)项目包括路基、路面、桥涵、交通沿线设施、防护、绿化等,设互通区4处、桥梁45座、涵洞137道、服务站3处。海砂路基填筑为450万m^3,软基处理碎石桩为150万m,二次超载预压为126万m^3,混凝土为46.69万m^3,沥青混凝土为30万t,植树为3.5万棵,声屏障为2.83km。

一、项目主要工程量

项目主要工程量见表4-2。

项目主要工程量一览表　　　　表4-2

序号	工程实物名称	工程量
	一、路基工程	24.276 km
1	挖方	945743.2 m³
2	填方	2757483.7 m³
3	特殊路基处理	23.592 km
3.1	预制方桩	641300.9 m
3.2	碎石桩	842655.1 m
3.3	砂桩	1096655.8 m
3.4	塑料排水板	776465.2 m
3.5	砂、砂砾垫层	916941 m³
3.6	土工格栅	443584.1 m²
3.7	土工布	1073673.1 m²
3.8	沉降补偿土方	71954 m³
4	外购填料	2315015.368 m³
5	海上填石	51359.7 m³
	二、排水工程	24.919 km
1	排水沟	5305.3/52354.3 m³/m
2	油水分离池	5 处
3	急流槽	1491.92/5983.3 m³/m
4	中央分隔带排水	23589.5 m
5	超高排水	14837.8 m
6	沥青砂拦水带	34129 m
	三、防护与加固工程	24.919 km
1	播种草籽	321229.2 m²
2	铺（植）草皮	42228.4 m²
3	浆砌片石护坡	24172.2/55633.2 m³/m²
4	加筋土挡土墙	1875.1/1222 m³/m

续表

序号	工程实物名称	工程量
5	扶臂式挡土墙	9472.9/899.71 m^3/m
	四、路面工程	249806.5 km
1	路面底基层	870363.78 m^2
2	路面基层	838329.8 m^2
3	沥青混凝土面层	1724102 m^2
4	水泥混凝土面层	12952.1 m^2
5	透层、粘层、封层	2878973.8 m^2
6	中央分隔带	28941.88 m
7	路肩培土	31995.98 m^3
	五、桥梁涵洞工程	
1	涵洞	2078.47/68 m/道
2	主线桥梁	1459/18 m/座
3	立交及连接线桥梁	647.1/14 m/座
	六、交叉工程	4 处
1	通道	165.1/6 m/道
2	天桥	456.8/7 m/处
	七、改路工程	5.092 km
	八、公路设施及预埋管线工程	
1	安全设施	1 项
2	管理、养护设施	1 项
2.1	收费系统设施	4 处
2.2	通信系统设施	1 项
2.3	监控系统设施	1 项
2.4	供电、照明系统设施	1 项
	九、绿化及环境保护工程	
1	撒播草种和铺植草皮	92122 m^2
2	种植乔、灌木	52568 株
2.1	种植乔木	35345 株
2.2	种植灌木	10167 株
2.3	种植棕榈类植物	7056 株

续表

序号	工程实物名称	工程量
2.4	栽植绿色带	59533 m²
3	声屏障(消声板声屏障)	2460 m
十、管理、养护及服务房屋		3980.850 m²
十一、设备及工具		
1	监控系统设备	1 项
2	通信系统设备	1 项
3	收费系统设备	1 项
4	照明系统设备	1 项
5	供电系统设备	1 项
6	房建部分设备费	1 项

二、项目工程实物量

项目工程实物量见表4-3。

项目工程实物量　　表4-3

序号	工程部位	工程名称	里程桩号	结构形式	结构尺寸
1	NKB 互通		AK0+075.00	箱涵	1-1.5×1
2			BK0+240.00	箱涵	1-1.5×1
3			CK0+110.00	箱涵	1-1.5×1
4			DK0+110.00	箱涵	1-1.5×1
5	主线通道	通道(现有)	K0+820.00	倒 Y 形梁	1-9.3×4.5
6	主线桥梁	Misselonious	K0+854.00	预应力大孔板	1×15
7		New Nuge	K0+937.00	预应力大孔板	1×15
8	主线通道	通道(现有)	K1+495.00	倒 Y 形梁	1-9.3×4.0
9	主线涵洞		K1+555.00	箱涵	1-3×3
10	PEL 互通	MCP1	BK0+293.00	预应力大孔板	2×13
11		MCP2	CK0+257.00	预应力大孔板	2×13
12			K1+814.00	箱涵	1-3×3

续表

序号	工程部位	工程名称	里程桩号	结构形式	结构尺寸
13		Mudun Ela 1	K2+281.00	预应力大孔板	2×13
14			K2+420.00	箱涵	2-3×3
15			K2+600.00	箱涵	2-2×2
16	PEL 连线		PK0+079.00	箱涵	1-1.5×1
17	K2+112.44		PK0+348.00	箱涵	2-2.5×2.5
18			PK0+723.00	箱涵	3-3×3
19		PEL IC 天桥	PK0+968.55	预应力混凝土箱梁	11×20
20		Mudun Ela	PK1+198.00	预应力空心板	1×15
21			PK1+580.00	箱涵	1-1.5×2
22			PK1+830.00	箱涵	1-1.5×2
23	主线天桥	Telangapatha	K2+485.00	预应力混凝土箱梁	4×20
24	主线涵洞		K2+864.00	箱涵	1-4×2
25			K3+110.00	箱涵	1-1.5×1
26	主线桥梁	Meegahawatta	K3+209.00	预应力空心板	1×10
27	主线涵洞		K3+657.00	箱涵	1-4×2
28	主线通道	Kurundugahawatte	K3+750.00	箱通	1-4x2.5
29	主线桥梁	Fertilizer Corp	K4+340.00	预应力混凝土箱梁	17×20
30	主线通道	Station	K4+602.00	箱通	1-6x3.5
31	主线桥梁	Kalu Oya 1	K4+985.00	预应力空心板	2×13
32	主线涵洞		K5+200.00	箱涵	1-1.5×1
33			K5+450.00	箱涵	1-3×3
34	主线桥梁	Kalu Oya 2	K5+750.00	预应力大孔板	2×15
35		Welikadamulla	K6+057.00	预应力大孔板	1×10
36		Kalu Oya 5	K6+165.00	预应力大孔板	2×15
37		Kalu Oya 6	K6+583.00	预应力大孔板	2×15
38	主线涵洞		K6+950.00	箱涵	1-1.5×1

续表

序号	工程部位	工程名称	里程桩号	结构形式	结构尺寸
39	主线天桥	A3	K7+196.00	预应力大孔板	2×15
40	主线涵洞		K7+300.00	箱涵	1−1.5×1
41			K7+475.00	箱涵	1−1.5×1
42	主线天桥	Kerangapokuna	K7+605.00	预应力大孔板	5×15
43	主线涵洞		K7+700.00	箱涵	1−1.5×1
44			K7+870.00	箱涵	2−2.×2.5
45			K8+200.00	箱涵	2−2.5×2
46			K8+690.00	箱涵	2−2.×2.5
47	主线天桥	Gunasekera	K8+975.00	预应力大孔板	2×15
48	线外桥梁	Negombo bridge	GK0+290	预应力空心板	3×15
49	线外涵		K8+975.00	箱涵	1−1.5x1
50	主线涵洞		K9+280.00	箱涵	2−2×2.5
51			K9+791.00	箱涵	5−3×3
52	主线通道	Totupola	K10+160.00	箱通	1−4×2.5
53	主线涵洞		K10+200.00	箱涵	2−1.5×1
54			K10+812.00	箱涵	3−3×3
55			K11+300.00	箱涵	1−2×2
56			K11+995.00	箱涵	3−1.5x1
57	主线天桥	Nedurupitiya	K12+458.00	预应力大孔板	5×15
58	线外涵		K12+458.00	箱涵	1−3x3
59	主线涵洞		K12+564.00	箱涵	2−2×2
60			K12+820.00	箱涵	2−2×2
61			K13+000.00	箱涵	3−3×3
62			K13+512.00	箱涵	3−2.×2.5
63	主线天桥	Kaleliya	K13+546.00	预应力大孔板	5×15

续表

序号	工程部位	工程名称	里程桩号	结构形式	结构尺寸
64	主线涵洞		K14+102.00	箱涵	2-2×2.5
65			K14+300.00	箱涵	1-1.5×1
66			K14+564.00	箱涵	2-3×3
67			K14+807.00	箱涵	3-3×3
68			K15+200.00	箱涵	2-3×3
69	主线桥梁	Ja-Ela	K15+518.00	预应力混凝土箱梁	3×20
70	JAE 互通		K15+950.00	箱涵	1-1.5×1
71			K16+150.00	箱涵	1-1.5×1
72			K16+366.00	箱涵	2-2×2.5
73			K16+487.00	箱通	1-4×2.5
74			K16+616.00	箱涵	2-2×2.5
75			CK0+400.00	箱涵	1-1.5×1
76			DK0+105.00	箱涵	1-1.5×1
77	JAE 接线	Ja-Ela IC	JK0-015	预应力大孔板	2×15
78			JK0+250.00	箱涵	1-2×2.5
79			JK0+705.00	箱涵	1-1×1.5
80		Ja-Ela 天桥	JK1+058.79	预应力大孔板	2×15
81		Mahadora –1	JK1+142	预应力大孔板	2×15
82			JK1+931.00	箱涵	1-1×1.5
83			JK2+275.00	箱涵	1-1×1.5
84	主线桥梁	Tudella	K17+000.00	预应力空心板	1×13
85	主线涵洞		K17+290.00	箱涵	1-1.5×1
86	主线桥梁	Mahadora 5	K17+630.00	预应力大孔板	1×15
87	主线涵洞		K18+340.00	箱涵	3-3×3
88	主线桥梁	Dandugam Oya	K18+894.00	预应力混凝土箱梁	4×20

续表

序号	工程部位	工程名称	里程桩号	结构形式	结构尺寸
89		Seeduwa 1	K19+442.00	预应力空心板	2×13
90	主线涵洞		K19+800.00	箱涵	2-2×2
91	主线天桥		K19+956.00	预应力大孔板	2×15
92	主线涵洞		K20+150.00	箱涵	2-2×2
93			K20+440.00	箱涵	1-2×2
94	主线桥梁	Seeduwa 2	K20+530.00	预应力空心板	1×12
95	主线涵洞		K20+940.00	箱涵	2-1.5×1
96			K21+295.00	箱涵	2-2×2
97			K21+375.00	箱涵	2-2×2
98			K21+449.00	箱涵	1-3×3.5
99			K21+685.00	箱涵	3-1.5×1
100			K21+805.00	箱涵	1-1.5×1
101			K22+075.00	箱涵	1-1.5×1
102			K22+298.00	箱涵	1-1.5×1
103			K22+555.00	箱涵	1-1.5×1
104	主线桥梁	Lagoon 1	K22+861.00	预应力空心板	1×12
105		Lagoon 2	K23+227.00	预应力大孔板	1×15
106	主线通道		K23+657.00	箱通	1-6×3.5
107	KAT 互通		AK0+450.00	箱涵	1-1.5×1
108			BK0+053.00	箱涵	1-1.5×1
109			CK0+365.00	箱涵	1-1.5×1
110			DK0+050.00	箱涵	1-1.5×1
111		Lagoon 3	K24+200.00	预应力大孔板	2×15
112	主线	Katunayake IC	K25+060.00	预应力混凝土箱梁	36×20
113	主线通道		K25+539.00	箱通	1-4×2.5

第六节　工程项目特点、重点与难点分析

由第五节分析可以看出，斯里兰卡机场高速公路（CKE）项目工程量大、时间紧、任务重，且所在地环境复杂，资源紧张，存在诸多对施工不利的因素。项目团队在深入分析研究的基础上，抓住工程重点环节，集中精力攻克工程难点，取得了较好的效果。

一、工程特点

（一）施工交叉干扰

1. K0+283为NKB互通起点，主线部分必须利用原有旧桥，该互通与科伦坡市区公路接壤，填土高度为7.6m以上，该处为A1、A3公路交汇点，交通十分繁忙，道路通行与施工交叉干扰较严重。

2. K1+500～K7+120段为本项目主要软基处理（沼泽地）区段，而且该路段尚未完成清表、拆迁。因路线附近存在大量宗教神像，且部分路段征地如JAE立交连接线路基红线界限未经确认，沿线居民区小区道路与主线多次交叉，红线边界紧挨民房，因此，施工干扰不可避免。

3. K4+200处，本项目征地红线穿越化肥厂工厂区内一车间，且化肥厂不能整体拆迁，故本处采取高架桥方案通过，两侧路基填土高度为6m以上。

4. K7+196主线下穿现有A3公路，A3公路是科伦坡至机场一条重要交通干线，穿越作业直接影响A3公路的交通流量，该位置也是本道路施工畅通的咽喉，是K0～K7段内所有物资的主要运输通道。

5. K9+000处有连接主线与主营场地的原有道路，该区域有斯里兰卡天然气储备仓库和发电厂，是高度军事管制区，主营场地内砂、石、混凝土运输须经业主向军方申请特许借道通行。

（二）工程施工复杂

1. KAT IC 36×20、PEL立交连接线11×20及K4+340 17×20三座高架桥及部分主线桥梁均采用后张预应力箱梁先简支后连续设计方案，预制箱梁将采用现场预制方式进行，是全线桥梁工程主要工作量及工期、质量控制关键点。

2. K15+518、K18+896为两座主线中桥（水面宽度分别为60m和80m），其水上钻

孔灌注桩及主体结构工程施工是本项目安全施工监控重点部位。

3. K22+400~K24+400有两处填湖路段，必须采取填石路堤设计方案，同时对路基进行软基处理，塑排板施工较为困难。

4. 本项目除填石路堤需用块石85000m³左右外，排水及防护工程、混凝土工程及路面工程等需大量片石供应，使片石开采量增大，造成当地资源紧张。

5. KAT互通立交，填筑高度为8m以上，现已修改为高架桥，是全线工程量最大的地方，也是控制工期的关键点。该路段至终点与现有机场道路接通，与A3公路互通，施工时交通疏导的难度很大，B、C匝道两侧需加征临时施工便道用地，KAT互通立交效果图如图4-8所示。

图4-8　KAT互通立交效果图

6. 本项目控制软基处理预压沉降时间较长，且路基填筑速度受软基预压位移变形控制，路基施工期是非常漫长的过程，施工组织是控制工期、质量、成本的关键所在。

（三）运输、安全及拆迁困难

1. 本项目除几处主要进入通道外，自A3公路进入现场的道路都比较狭窄，长车及较宽车辆均无法通行。因此，运输预制空心板梁的进入通道主要是施工便道。

2. 出于安全和便于管理的考虑，本项目主营场地除作为主要的办公及宿舍区外，还将作为主要的结构混凝土、预制构件、碎石加工、矿粉加工、稳定碎石混合料、沥青混合料等工程用料的供应点。

3. 征地拆迁工作艰难是本项目的最大特点，因斯里兰卡私有化程度较高，路线范围内拆迁期限较长，至少在6个月以上，因此，本次设计的新征地红线范围内工程施工受到很大的影响。

二、工程施工重点及难点

（一）软土地基处理难度大且工作量大

1. 本项目的软土地基处理工作量非常大，是制约和控制工期的关键点。而K0+403～K7+120段路基包括PEL连接线、JAE立交连接线等，原地表清除及砂垫层回填施工是软土地基处理前期准备工作的重点内容。

2. 本项目软土地基处理预压沉降时间较长，路基填筑速度受软土地基预压位移变形控制，路基施工期较长，其最终预压效果还须视沉降完成情况决定，因此，路基工程施工是本项目控制工期、质量、成本的关键点。

3. 泻湖段的填石路堤施工是路基质量控制重点位置之一，其软土地基处理方式，特别是填石路堤上进行的塑排板插板和砂桩施工，应在经过充分研究和论证的基础上进行。

（二）桥梁及跨线施工需要优化

1. 本项目后张预应力箱梁因场地问题，只能选择在成型的路基上完成，故此部分路基的施工必须先行安排，优先完成，方能确保后张箱梁的顺利施工和整个项目工期。

2. A3公路跨线桥施工、NKB立交施工、KAT立交施工交通疏导是本项目施工控制及安全监控的重点工作。

3. KAT立交通36×20、PEL立交11×20及K4+340 17×20高架桥施工是整个项目施工重点工作，是工期、安全、质量控制重点。

4. K15+518、K18+894及填湖路段两处桥梁工程采用水上作业方式完成桥梁下部结构工程，是本项目安全监控重点（图4-9）。

5. 预制构件的施工质量是桥梁工程质量控制的关键点，特别是后张法预应力箱梁的施工，受现场作业条件的限制，将其质量控制作为重点进行监控。

图4-9 梁板架设施工现场

(三)项目范围内的拆迁工作任务量大

本项目结合设计征地红线,配合业主尽早完成本项目范围内的拆迁工作,特别是拆迁范围内的高压供电线路和拆迁区的已有建筑物、水、电管线移位,是本项目前期工作的重点与难点之一。需要及时对现场公用设施和已有建筑物进行调查,编制拆迁计划,由业主、承包商、工程师、相关政府部门和土地所有者定期召开拆迁、移位会议,共同推动拆迁、移位工作。按照施工计划,提前做好确定方案、办理付款等相关工作准备,为施工预留时间。

综上所述,斯里兰卡机场高速公路(CKE)项目在施工过程中要不断克服各类挑战,软土地基处理、预制构件施工质量、拆迁工作等都是本项目主要应对的重点与难点,项目团队对其深入分析,攻坚克难,保证了工程顺利实施。

第七节 本章小结

工程项目管理模式的选择是工程项目管理中一个非常重要的课题。在明确工程项目管理模式时,需要充分考虑项目成本、工期、质量等目标,结合项目当地资源状况,外部综合环境如水文、地质等,项目主要工作量,以及工程特点、难点,分析各种工程项目管理模式的实用性,以便项目实施过程中进一步对项目管理模式进行优化。

第五章　施工部署
Chapter 5　Construction Deployment

斯里兰卡机场高速公路（CKE）项目以现行的国际惯例来运作和管理，成立以项目经理责任制为核心，以项目设计管理、合同和成本管理、施工管理为控制主线，以系统管理、先进技术为手段的项目管理机构，同时严格按照ISO 9001:2000标准建立质量管理体系来运作，形成以质量管理为中心环节，以专业管理和EPC总承包管理相结合的项目管理模式。

Sri Lanka Airport Expressway (CKE) project is operated and managed in accordance with current international practices. A project management organization has been established with project manager responsibility system as the core, project design management, contract and cost management, construction management as the main control line, and system management and advanced technology as the means. At the same time in strict accordance with the ISO 9001:2000 standard established quality management system to operate, the formation of quality management as the central link, to professional management and EPC general contract management combined project management mode.

第一节　目标管理

斯里兰卡机场高速公路（CKE）项目部组建时，就确立了项目总体目标，并进一步细化了进度控制、质量管理、安全管理、环境保护、投资控制5个方面的目标，同时建立了项目管理责任明确制度，确保了本项目预定管理目标的实现。

一、项目总体目标

项目总体目标是运用多种创新技术及精细管理，成功建设斯里兰卡的首条高速公路，助力中斯关系的发展，推动"一带一路"工程进展。

二、进度控制目标

斯里兰卡机场高速公路（CKE）项目于2009年8月18日开工，2013年9月30日通过竣工验收，2013年10月27日通车。

三、质量管理目标

斯里兰卡机场高速公路（CKE）项目的质量管理目标主要包括两个方面：一方面为竣工交付使用的工程质量全部达到合同技术规范要求，竣工交付使用的工程质量一次验收合格率为100%，杜绝工程质量事故；另一方面为主体工程质量缺陷最小化。

四、安全管理目标

斯里兰卡机场高速公路（CKE）项目的安全管理目标是"安全生产、文明施工"。项目主要关注以下几个方面的安全管理：重伤及以上事故为零，年负伤率小于2‰，杜绝死亡事故和重大险肇事故，无重大火灾事故，无严重职业病危害事故，无急性职业中毒事故，有效地控制工伤事故，杜绝重大安全机械险肇事故。

五、环境保护目标

斯里兰卡机场高速公路（CKE）项目的环境保护目标是"节能减排、绿色施工"。环境管理以斯里兰卡当地法律及环境保护标准要求为准，结合本项目部实际情况，防止污染环境事故发生，维护生态平衡，实现高效工程与和谐自然相统一。

六、财务控制目标

斯里兰卡机场高速公路（CKE）项目的财务控制通过精细化管理、标准化资金流程等，主要实现了4个指标，即项目目标利润指标为10%，项目管理费用控制指标为1.5%，项目安全文明施工费用控制指标为1.5%，项目财务费用控制指标为500万元。

第二节　管理机构、体系

斯里兰卡机场高速公路（CKE）项目遵循"精干高效、结构合理、支撑有力"的原则，明确了设计管理行为和各岗位职责，提高了设计管理水平和工作效率，使得本项目顺利进行。

一、管理机构

项目管理部由集团选派项目经理、项目副经理、总工组成领导班子，并组建精干高效的管理团队。由中国冶金科工集团公司聘任樊金田为项目经理，由中国二十冶建设有限公司聘任樊金田兼任项目经理，魏玉成为项目人力资源总监（兼），娄建军、张钢雨、李航为项目副经理，张达志为项目财务总监（兼），张奇为项目总工程师。

斯里兰卡机场高速公路（CKE）项目建设期间，设置了十二部二室，即外事部、设计管理部、技术质量部、计量合约部、安全保卫部、物资采购部、物流管理部、财务部、机械管理部、工程管理部、环境管理部、人力资源部、综合办公室、中心试验室，十二部二室职能见表5-1。同时，由中国冶金科工集团公司、中国二十冶建设有限公司牵头组建精干高效的管理团队，全面负责、领导工程有序推进。

十二部二室职能　　　　　　　表5-1

部门	职责
外事部	在项目经理的直接领导下工作，配有各专业翻译人员，负责整个项目的翻译、外事交流与管理等工作
设计管理部	配有公路设计各专业设计师，负责项目的设计、设计管理以及根据实际情况对设计进行现场服务
技术质量部	在总工程师领导下工作，配有公路各专业的专业工程师、质量工程师、试验工程师等管理人员，负责工程项目的质量、施工技术和试验管理工作，下设技术组、质量组和中心试验室
计量合约部	在合约经理的领导下工作，配有计量工程师、计划统计师、合同工程师、造价工程师等管理人员，负责工程的计量、计划、统计、合同和工程预结算的管理，在业务上对项目合约经理负责
安全保卫部	在项目施工经理的领导下工作，配有专业的安全工程师和专门的保卫工作人员，分管项目安全、文明施工及保卫工作
物资采购部	在采购物流经理的领导下工作，配有材料工程师和材料管理人员，负责根据物资采购计划进行本项目施工物资的采购、运输、供应工作，协助采购物流经理进行大宗材料的招标采购工作，负责现场材料的每月盘点与管理工作

续表

部门	职责
物流管理部	在采购物流经理的领导下工作,配有物流管理专业人员,负责本项目部全部进出口物资的物流管理工作,包括报关、清关工作,分国内及国外工作组
财务部	在项目财务总监的领导下工作,配有专业会计师,负责项目财务及成本管理。对财务总监及项目经理负责
机械管理部	在项目部施工经理的领导下工作,配有机械工程师,负责本项目全部设备的租赁与管理、设备的维修和保养工作,协助施工经理进行现场设备的管理及调配工作
工程管理部	在项目总工程师的领导下工作,配有环境工程师、测量工程师和工程管理各专业工程师,负责协助项目施工经理对现场施工生产的安全、环保和文明施工进行管理,协调项目部各施工队之间的机械设备、材料及人员等的调度,以满足整体工期要求,下设测量队、环境管理组、工程管理组
环境管理部	主管项目部范围内的环境管理工作,负责编制项目部环境管理计划、环境管理计划实施细则,对安全与环境管理负责
人力资源部	在人力资源总监的领导下工作,负责项目部的人员招聘,包括分包招聘以及当地员工的招聘;项目招聘人员合同的签署及保存;当地员工及劳务公司的工资发放与考勤管理
综合办公室	在人力资源总监的领导下工作,配有项目档案管理员、人力资源工程师、翻译等管理人员,负责项目部的对外联络、文秘、人事劳资、职工食堂以及内部管理事务,下设资料室、行政后勤组、劳资组
中心试验室	配有试验工程师和试验员等管理人员,负责本项目全部工程的检验、试验工作

二、管理体系

为规范斯里兰卡机场高速公路(CKE)项目管理工作,明确管理行为和各岗位职责,提高管理水平和工作效率,保证公路工程质量,确保实现合同目标,以便顺利开展和完成本项目的管理任务,斯里兰卡机场高速公路(CKE)项目部特制定管理体系。

(一)承包商代表(项目经理兼)

项目承包商代表接受中冶集团(MCC)委托,为本项目的最高管理者,拥有项目中的有关合同的商业、资源、设计、施工、采购、协调、计划和质量事宜等各方面的全部权利。负责对业主履行合同程序,按照项目质量计划所要求的职责,执行管理审查,决定项目聘用人员的权利、责任和义务,确保斯里兰卡机场高速公路(CKE)项目质量体系的发展和执行。

（二）项目经理

项目经理为本合同段项目施工的最高管理者，全面负责项目部的各项管理工作，负责对业主履行合同程序，负责本项目的总体计划安排，并依照项目工程质量、施工进度、文明施工、安全环保等管理目标进行计划、组织、监督、控制、协调等全过程管理，按期保质完成工程项目，实现安全生产、文明施工。

（三）项目总工程师

项目总工程师主管设计及优化、技术、质量管理工作，并负责与业主在技术方面的协调工作，分管设计管理部、技术质量部和中心试验室，并就工程质量、施工技术、试验及工程测量、环境健康、安全等工作，对项目经理负责。负责项目工程质量保证体系的建立、健全，并督促其有效运行，使工程质量达到预期目标。

（四）工程经理

工程经理协助项目经理主管项目部安全、文明施工、生产进度、施工队伍管理工作，负责组织、协调、指挥施工生产，分管工程管理部和机械管理部，对项目经理负责。

（五）合约经理

合约经理协助项目经理进行项目部合同管理和作业队资源配置，主管经营管理、计划统计、工程预算和结算、计量管理工作，分管计量合约部，对项目经理负责。

（六）采购物流经理

采购物流经理协助项目经理进行物资采购及物流管理工作，主管物资采购部和物流管理部，对项目经理负责。

（七）安全与环境经理（人力资源总监兼）

安全与环境经理协助项目经理进行人力资源配置与管理，分管综合办公室、安全保卫部与环境管理部，对项目经理负责。

（八）财务总监

财务总监协助项目经理进行项目成本管理与控制，分管财务部，对项目经理负责。

（九）质量保证经理

质量保证经理应确保中冶集团（MCC）质量管理体系在项目部的运行，满足斯里兰卡机场高速公路（CKE）项目对"三位一体"管理体系的要求，协助项目总工程师建立和维护斯里兰卡机场高速公路（CKE）项目质量保证体系，使之保持有效运行；确定质量保持点，配合现场施工进度释放质量保持点，控制质量管理系统工作，满足质量体系持续改进要求，对总工程师负责。

第三节　施工顺序、流水段划分

施工流水段应根据工程特点及工程量进行分阶段、合理的划分，上道工序与下道工序之间尽量紧凑，不要相隔太长时间，以免造成不必要的返工。

一、路基工程施工划分

（一）路基软基处理

路基软基处理划分为2个区段，按工艺划分为4个部分，分别与路基工程配合组织流水作业，统一由软基处理施工队完成。

（二）路基填筑施工

主线路基、立交及连接线路基、改路工程统一划分为2个区段，分别组织流水作业，统一由路基桥涵作业一队完成。

二、桥梁工程施工划分

（一）桥梁、涵洞工程

1. 桩基工程。划分为2个区段，分别组织流水作业，统一由桩基施工队完成。
2. 桥梁主体结构及涵洞、通道工程。划分为2个区段4个工区，4个工区分别组织流水作业，统一由路基桥涵作业一队完成。

（二）构件、混凝土、路面材料

1. 预制构件工程。不划分区段，分两个部分（先张法空心板生产线和后张法箱梁生产线）分别组织流水作业，统一由路基桥涵作业二队完成。
2. 混凝土供应。于K9+000主营场内设一个混凝土集中搅拌站，供应全标段结构物混凝土，统一由桥涵工程作业二队负责管理。
3. 稳定土拌合站。于K9+000主营场内设一个300t/h稳定土拌合站，供应全标段路面工程基层用稳定碎石混合料，统一由路面工程施工队负责管理。
4. 沥青拌合站。于K9+000主营场内设一个300t/h沥青拌合站（含1.5t/h粉磨站），供应全标段路面工程面层用沥青混合料，统一由路面工程施工队负责管理。

（三）路面工程

1. 路面工程。不划分施工区段，分两个部分，即基层和面层部分分别组织流水作业，统一由路面工程施工队完成。
2. 排水与防护工程。划分为2个施工区段，分别组织流水作业，统一由排水及防护工程施工队完成。

三、交通设施及监控系统施工划分

（一）交通工程

1. 土建与预埋管线工程。全线不划分施工区段，统一由路基桥涵作业一队完成。
2. 标志标线工程。全线不划分施工区段，统一由交通工程施工队完成。
3. 机电管安装工程。全线不划分施工区段，统一由机电管安装工程施工队完成。

（二）房建工程

1. 管理中心、收费站等房建项目土建工程。全线不划分施工区段，统一由房建工程施工队完成。

2. 机电管安装工程。全线不划分施工区段，统一由机电管安装工程施工队完成。

第四节　管理风险分析及对策

在项目管理中，需要对一些可能影响工程项目的变量，如合同总价、工程量、工期、外部环境影响、施工技术难度以及施工现场安全等因素进行预测分析，确定这些因素可能发生的变化状态，计算工程项目的某些指标，进而确定项目指标发生偏离的概率和偏离的程度，为工程项目管理的决策提供合理的依据。斯里兰卡机场高速公路（CKE）项目严格分析了外部、内部的主要风险，并提出了相应对策，以保障工程顺利竣工。

一、工程管理的外部风险分析及对策

斯里兰卡机场高速公路（CKE）项目在前期工作的调研中主要关注和解决工程管理的6个外部风险，其分析及对策见表5-2。

工程管理的外部风险分析及对策　　　　　表5-2

序号	工程管理的外部风险	对策
1	项目需要结合设计征地红线，配合业主尽早完成本项目范围内的拆迁工作，特别是拆迁范围内的高压供电线路和已有建筑物，水、电管线移位	及时对现场公用设施和已有建筑物进行调查，编制拆迁计划；由业主、承包商、工程师、相关政府部门和土地所有者定期召开拆迁、移位会议，共同推动拆迁、移位工作；按照施工计划，提前进行确定方案、办理付款等相关工作准备，为施工预留时间
2	项目位于斯里兰卡西部省人口稠密区，沿线周边社区村镇密集；地方道路狭窄，红线外难以找到合适的搅拌站和预制场生产用地	通过红线内反复调查、选址、设计、报批，将搅拌站和预制场建在主线路基上或红线加宽段内
3	项目采用中国标准和斯里兰卡当地标准体系，质量要求严格，大部分中文技术标准没有英文翻译版本，业主、咨询公司对中文标准体系理解困难	严格按批准的质量计划执行；加大属地化，配备精通中英文翻译人员，尝试在设计上开始采用当地设计分包或招聘当地设计工程师，在施工管理上也大量聘用当地技术管理人员，与中方人员结合
4	沿途居民多，各类投诉多	成立环境调查小组展开环境调查，并考虑聘请相关当地法律人员和环评机构，做好法律咨询，合理维护项目部合法权益；积极组织对现场管理人员培训，提高现场管理人员文明施工意识，合理施工以减少投诉发生的可能；成立专项处理投诉小组，及时处理投诉

续表

序号	工程管理的外部风险	对策
5	项目沿线与当地混凝土道路、沥青道路交叉达28条，临时改路多，施工干扰严重	结合施工计划，提前制订临时改路方案并获得咨询公司和业主批准，制订改路方案时综合考虑改线方案，提早谋划永久改线方案，减少临时改线数量；临时改路材料综合考虑、总体把控，结合施工时间先后顺序，做到材料循环利用
6	项目沿线大部分为泥炭土和泄洪区，容易发生洪灾，且沿线大多为稻田，施工时农田灌溉渠改道非常多，容易引起纠纷，干扰正常施工	首先对泥炭土地段进行地基处理，做好线内排水工作。施工前做好洪水调查，临时设施应设在洪水位以上地段；安排专人在施工前与当地农民协商好具体的改渠方案，减少纠纷

二、工程管理的内部风险分析及对策

斯里兰卡机场高速公路（CKE）项目在前期工作调研中同样对6个可能产生工程管理的内部风险提出了相应的对策（表5-3）。

工程管理的内部风险分析及对策　　　　表5-3

序号	工程管理的内部风险	对策
1	斯里兰卡属于热带季风气候，雨季、旱季分明，雨季雨量大，经常出现洪涝灾害，本项目90%线路穿越泥炭土和低洼区；旱季太阳暴晒环境下容易中暑	路基填筑施工要充分考虑雨季影响；施工便道由于经常被淹，存在更高的维护成本，要做好充足的成本预估和维护预案；旱季做好现场工人暴晒条件下的防暑降温措施
2	因当地道路普遍比较狭窄，工程车辆使用均需办理许可，包括具体车号、通行路线、通行有效期都需严格列明，另外夜间禁止通行	打通并维护好现场便道，多利用便道运输；安排专人负责协调和及时办理车辆运输许可；外部运输尽量采用中小型工程车辆，满足地方道路通行条件
3	项目以路基软基处理、高架桥施工为主要矛盾，施工工序安排紧，施工周期长，资源投入大，现场施工作业点多。现场施工必须合理、周密组织，才能保证整个项目的总体工期	加强项目进度管控；加大项目资源调度力度及项目执行力；工程"三控制，二管理，一协调"
4	项目沿线长、附近居民较多，施工噪声和粉尘对周围居民的影响和干扰较大，不允许进行夜间施工，影响整个项目的施工进度	合理安排施工时间，噪声较大、干扰较多的工序安排在白天施工，对居民干扰小的工序安排在夜间施工；必要时，施工现场设立临时隔声屏障，争取在节假日加班施工，从而缩短施工工期并减少夜晚施工对居民的影响
5	项目混凝土量、碎石量非常大，当地河砂稀缺，采用海砂材料，但需要含氯指标检测，以及筛分有机质物，石料供应困难；土和石料料源离项目远，运输比较困难	采用海砂代替河砂，机制砂为备选方案；寻找矿山开采石料，调查周边石料开采资源，要求代理保证石料供应并及时采取措施增加供应量，突破资源缺乏瓶颈；优先考虑使用施工便道运输，减少道路运输压力
6	项目有13.7km的软基，软基大部分为泥炭土、黏土，软土地质较差，采用碎石桩和换填进行软基处理，换压周期6~12个月，预压周期较长	优化设计，优先施工预压区域进行路基填筑

第五节　施工准备

施工准备工作要贯穿整个施工过程的始终，根据施工顺序的先后，有计划、有步骤、分阶段进行。施工准备的主要内容包括施工方案和计划准备、技术准备、人员准备、物资准备和场地布置等。

一、优化施工的策略和方案

以动态管理施工全过程为基本要求，通过优化设计和施工方案，在确保工期、质量的前提下，实现最少的劳动力和最优的施工设备投入。在考虑节点工期控制、系统物资供应控制、合理最低成本控制等基础上，确保科学地组织流水及交叉作业，在施工工序上抢时间、争速度，合理控制工期。严格关键工序控制程序，严抓劳动纪律，在规范要求的前提下，力争实现施工工期、质量、安全、文明施工及环境保护的管理目标，确保本项目按期、优质、高效地完成施工任务。

为了保证工期，本项目将按照双关键线路控制模式组织和控制施工过程，确定以路基、涵洞工程+路面工程+交通工程施工为第一条控制性关键线路，以主线桥梁工程+路面工程+交通工程施工为第二条控制性关键线路。其他工程按照排水及防护工程随路基、涵洞工程的施工顺序组织施工，房建、供水、供电、通信、照明安装工程及附属工程穿插其间进行。

二、编制合理施工计划

本项目在各项工作正式施工之前，先期完成和打通施工便道。同时，因为本项目路基挖方量较少，借土填筑量较大，大部分路基必须在软基处理和预压沉降完成后才能进入下道工序作业，因此，必须严格按预定的施工顺序组织施工。

本项目工期以桥梁工程、路基软基处理及预压填筑施工作为施工控制主线（双关键线路方案），按方案确定的施工顺序组织各部位桥梁工程、软基处理工程、涵洞及通道工程的施工，小桥、涵洞及通道工程应在完成路基预压沉降之后进行。后张预应力箱梁梁体预制需借用主线路基作为预制场地，此部分场地应优先安排软基处理并完成路基预压施工，以提供预制场地及工作面。

对于路堑路基段在完成路基土方开挖后应立即形成两侧边沟排水系统，填方路基段防护工程及排水沟应待路基沉降稳定并刷坡后进行。排水及防护工程视路基整体完成情况决定，在路基完成预压沉降后进行。路堑段应及时形成排水系统，线外涵及排水沟渠应先行完成。

视路面面层完成情况决定施工顺序，其中心沟的电缆埋设应在路面基层施工之前完成，其他土建预埋项目施工在路面面层施工之前完成，收费站大棚、机电管安装工程、标志标线工程、隔声屏障工程在路面面层完成之后进行。房建工程应在相应部位路基预压完成后，与路面基层施工同时进行，在路面工程面层施工前完成。

三、建立高效施工团队

（一）桥涵结构施工队伍

由浙江省建投交通基础建设集团有限公司委派邵永生任项目经理并组建项目团队，承担桥涵结构主体工程以及斯里兰卡第一座标志性大跨度108m预应力现浇箱梁KAT特大桥工程施工。

（二）桥梁结构预制工程施工队

由浙江省建材集团有限公司委派黄海炯任项目经理并组建项目团队，承担桥梁结构预制工程，20m先张法空心预制梁板是首次采用中国标准设计的在斯里兰卡首条高速公路预制生产的第一片梁板。

（三）软基处理施工队

由江苏地基工程有限公司副总经理张亚平兼任项目经理组建专业团队，承担泥炭土地基处理任务。配合项目部科技攻关小组工程实践，完成5种不同处理方式处理泥炭土地基，解决了在泥炭土地基上筑路难题。

（四）路基工程施工队

由河北恒源丰工程有限公司盛国兼任项目经理组建作业队，承担全线海砂路基填筑任务。配合项目部科技攻关小组工程实践，首次实现了全路段海砂填筑高速公路路基，成功利用海砂节能环保材料，解决了多雨地区筑路难题。

（五）属地化联合施工队

项目部工程技术管理人员与当地工程师组成二级管理模式，由中国高级技师（工长）与当地招聘作业人员组成专业施工队伍，承担项目防护、绿化、建筑以及交通工程设施施工任务，为项目保工期、创效益作出不可或缺的贡献。

本项目采取劳务分包模式，设10个专业工程施工队、一个综合服务处和四个站，由10个专业工程施工队完成全部工程的工程量。每个专业施工队可按各自区段工程内容组织流水作业或采用交叉作业方式完成各自划分的任务，专业施工队可划分若干个施工分队。

本项目建立了软基处理专业施工队、桩基工程专业施工队、路基桥涵作业队、排水及防护施工队、路面工程施工队、交通工程施工队、机电管安装工程作业队、房建工程施工队、改河工程作业队、综合服务处、混凝土搅拌站、稳定土拌合站、沥青混合料拌合站、石料破碎及矿粉加工站等施工队伍和部门。

根据斯里兰卡的人力资源供给情况，主要技术和管理人员由国内调入，司机、普通技术工人和普工采用就地雇佣方式解决。国内调入斯里兰卡的技术和管理人员，乘坐飞机到科伦坡，再乘坐汽车到达施工现场。当地雇佣的人员采用乘坐汽车到达施工现场。合理组织劳动力，及时调整劳动力用量，确保施工人员及时进场工作。

主要技术与管理人员应在开工前三个月内就位，一般技术人员及管理人员应提前一个月就位，国内一般技术工人到位时间控制在相应工作开展前15d内，就近雇用技术人员到位时间控制在相应工作开展前7d内，就近雇用工人（普工）到位时间控制在相应工作开展前1~2d内。

四、完善技术准备工作

在项目开工前主要工程技术管理人员提前进场，在项目总工程师的领导下，详细了解场地地质情况，勘察施工现场，掌握现场实际情况。技术质量部组织全体工程技术人员学习设计图纸、施工合同、招标文件及相应技术规范，做到管理上职责明确、设计文件上心中有数、技术上熟练掌握，并进行施工图的自审，及时提出设计可能存在的问题，尽量把设计图纸上可能存在的问题解决在工程开工之前。

做好路线导线点、水准点的复测工作。在业主组织现场交接桩后，要求在项目开工前完成导线点、水准点的加密工作，编制测量成果报告，报审批准后作为施工依据。做好试验室各类试验设备器材的安装、调试和计量标定工作，并编制试验室验收申请报告,报审批准后,方可进行各类试验、检测工作;由项目经理部技术人员于相关工序施工前,对施工作业队相关人员进行技术交底。

五、做好施工物资准备

1. 物资采购与租赁。根据工程进度,提前做好材料计划,及时进行采购,并做好运输工作,为工程的顺利进行做好后备保障。根据工程进展和斯里兰卡国内的设备、材料市场供应情况,施工设备和材料将随着工程需要陆续组织进场。在斯里兰卡国内可以租用到的设备和采购到的材料,原则上就地租用和采购,在斯里兰卡国内没有的设备和材料,将由中国公司内部调入、采购和进口或由第三国采购和进口。

就地租用的设备和购买的材料,采用汽车运到施工现场,临时进口的施工设备和进口材料,采用海轮运抵科伦坡,再由汽车运至施工现场。

2. 大宗材料供应。海砂由斯里兰卡农垦与土地开发公司提供,总量为340万m^3。临时堆场在主营场地内,全线供应均由此运出,经K9位置进入施工现场便道,或由西侧地方道路经由A3公路进入施工现场作业点。

钢材与沥青采用第三方采购或由国内采购后进口斯里兰卡方式完成。水泥在当地采购,直接运输至需用点位,混凝土集中搅拌站采用散装水泥供应方式,设水泥罐储存,总储量为4×100t,稳拌站设2×100t水泥罐储存量,现场分散水泥使用点采用袋装水泥供应方式,现场设架空临时堆放点。

原材石料(片石)采用定点采购方式供应本项目全部用石(片石、毛石)量,开采点在中部山区,距斯里兰卡机场高速公路(CKE)项目主营场地(主要用量点位)40km,在主营场地内过磅称重计量。现场排水与防护工程使用点,采用量方估算方法计量签认,随机抽样验证。

3. 成品、半成品加工与供应。混凝土生产与供应是自行组织在主营场地内设HZS60混凝土搅拌站一座,配混凝土搅拌运输车12辆,混凝土泵车1辆,主要供应全线混凝土结构物强度等级高的混凝土,排水与防护工程等一般位置另布设小型混凝土搅拌机(5处)和移动混凝土搅拌点(2处)。在较大量混凝土同时使用时,可部分采用就近当地混凝土搅拌站补充。

碎石生产与供应是自行组织在主营场地内设碎石破碎站一座,碎石加工能力为200t/h。毛石由定点供应商提供,碎石主要供应混凝土结构物、路面基层、路面面层。路面层材料的备用量应视工程进展情况提前预订,在相应路面工程开始前其备用量应不少于总用量的1/3~1/2。加工生产线平面布设在充分考虑减少材料的二次倒运量的前提下，应尽量靠近稳定碎石拌合站和沥青混合料拌合站。

矿粉生产与供应也是自行组织在主营场地的沥青拌合站旁，设矿粉粉磨站一个，产能为1.5t/h。粉磨站设粉矿仓库一个，有效储存总量为2000t左右，仓库底板及墙壁应采取防潮措施，同时底板应有一定高度，粉磨站由沥青拌合站管理。

预制构件分为三个部分设置，分别为小型预制构件场与先张法空心板梁预制厂设在主营场地内，后张法箱梁预制场设在现场，就近预制以减少箱梁运输难度。

海砂主要供应混凝土搅拌站用砂，排水及防护工程用砂，房建工程用砂。自行组织在主营场地的混凝土搅拌站旁设筛分线一座，由混凝土搅拌站管理，同时于主营场地内设300t/h沥青混合料拌合站一座，设1000t沥青储油罐一个，作为备用储油系统。混合料运输采用30t大型自卸汽车运输至现场作业点，进出场采用过磅称重计量。

六、做好施工现场准备

1. 项目开工前工程技术人员对工程范围内的地质、水文情况再次进行详细调查，通过现场取样试验确定其性质、范围，决定是否可利用，以优化施工方案。再对当地的碎石、海砂、砂、水、地下水等材料进行调查，并取样试验，选择合格材料供应商，并在进场前进行材料合格性复查，进场后还应根据规范及咨询公司要求进行抽检。

2. 根据设计文件提供的资料，对挖方、借土场、料场的材料及线路范围内原状土状况进行复查和取样试验，进一步确定合格用料的方量与地质构造，并采取相应措施。对各类工程材料进行标准试验，其试验方法按公路工程相关试验规范及规程执行。

3. 与斯里兰卡的勘察测绘部门取得联系，核准位于卡图那亚克纪念碑上的永久性坐标点，根据永久坐标点的坐标，对线路进行控制放线和布设项目沿线的控制点，采取混凝土标桩埋设控制点，以保证控制点在施工期内牢固和准确。

4. 根据已经放好的控制点，对线路已施工部分和未施工部分，进行横断面、高程、线路中线等的测量。对已有的监控量测设施，进行逐个检测，符合要求的设施保留，不符合的设施进行重新安装。

5. 对已形成的路基填筑部分和钢便桥等，进行现场的试验检测，根据检测结果，采取相应的处理方案，使路基达到设计要求，钢便桥要满足施工中安全通行的要求。主线和支线上现有的桥梁，根据业主意见和检测情况，保留主体结构，对附属设施进行加固、外观进行美化，使这两座桥梁达到设计要求。

6. 对业主提供的筑路材料，进行实地量测和检验，确认数量和质量。数量不足的材料由业主补足，质量要达到规范要求方可使用。做好场地的控制网测量，按照业主提供的永久性坐标控制网和水准控制基桩，进行控制测量，并按工程测量规范要求的等级补充加密导线点及临时水准点。

7. 路线的部分路段业主尚未完成征地拆迁工作，提醒业主，请业主实施征地拆迁，并做好路通、水通、电通和平整场地工作，营地还应保证通信畅通，为工程顺利开工提供必要保证。安装、调试施工机具，按照施工机具需用量计划，组织施工机具进场，根据施工总平面图将施工机具放置在规定的地点或仓库。对于固定的机具要进行就位、搭棚、接电源、保养和调试等工作。所有施工机具都必须在开工前进行检查和试运转。

8. 做好构配件和半成品的需用量计划并组织进场，根据施工总平面图规定的地点和指定的方式进行储存和堆放。及时提供材料的试验申请计划，按照建筑材料的需求量计划，及时提供建筑材料的试验申请计划，如钢材的机械性能和化学成分、混凝土或砂浆的配合比试验等。

七、做好临时设施布置

本项目根据现场实际情况，合理安排现场临时用地，减少临时设施费用并应方便现场施工，为现场管理和文明施工提供条件。临时工程包括主营场地和施工现场副营场地两部分，分别考虑各自的布置保证施工的顺利进行。

由业主免费提供的管理用房约1870m^2和食宿房屋约1420m^2，部分生产设施和材料存放场地约324000m^2，作为管理人员和施工人员的营地和大量设备、材料的存放处。

临时设施主要包括主营场地场内道路、场地排水系统、场地硬化及绿化处理、场内临时供水、供电等，做好主营区生产设施建设，包括预制厂生产区、加工生产区、后张法箱梁预制场地、临时生产附属设施等的设置。

综上所述，斯里兰卡机场高速公路（CKE）建设过程中的施工准备工作是一切施工的基础，切实提高施工准备工作的质量对项目的质量控制、成本管理、进度控制都有积极的作用。在整个项目建设工程中，施工准备阶段的工作重要且内容繁琐，需要仔细周密的提前准备。

第六节　组织协调

工程项目组织协调有很重要的作用，它是协调其他活动的有效保证，只有通过积极的组织协调才能实现整个系统全面协调。

一、明确组织协调的分工

斯里兰卡机场高速公路（CKE）项目成立伊始，就建立了明确的责任制度。项目设置了三个主要工作小组。

由项目经理与项目总工组成工作小组，领导项目部外事部、综合办公室、技术质量部、设计管理部成员，负责内部工程全过程的协调以及与业主/咨询公司交流、沟通。

由项目经理与项目施工经理、经营经理组成工作小组，领导项目部工程管理部、计量合约部、质量部成员，与总承包内部作业队及时协调沟通，保证精细化管理。

由项目经理与项目安保经理、人力资源经理组成工作小组，领导项目部安全保卫部、人力资源部、环境管理部成员，研究当地法律法规，保护当地环境，尊重宗教民俗等，做到了工程与当地自然、民俗相统一。

二、加强与业主的沟通

项目经理首先要理解工程项目总目标、理解业主的意图、反复阅读合同或项目任务文件。尊重业主，随时向业主报告情况，让业主了解项目的进程、项目实施状况、方案的利弊得失及对实施此决策的影响，让业主参与工程的建设过程，使其了解项目的实施过程（图5-1）。

三、重视与设计人员沟通

项目施工图正式使用前，必须由相关施工单位通过对施工图预审，提出初步审核意见，报经监理单位、业主认可后报送相关设计单位。由设计方在施工图技术交底和会

图5-1 与业主交流照片

审时作出答复或说明，经与会各方商议一致，形成施工图会审纪要后，由参与各方签字盖章，分发有关各方作为正式工程建设施工的依据。

四、做好与分包商的管理

项目建设管理人员与分包商的管理应坚持原则，实事求是，严格按规范、规程办事，讲究科学态度；应力求注意语言艺术的应用，感情交流和用权适度的问题、善于理解分包商项目经理的诉求，主动沟通、交流。

第七节 施工布置

根据本项目特点，充分利用施工场地和施工空间，发挥工人的工效，采用立体交叉作业，流水施工，在施工中各班组要密切配合，相互协调，保证工程质量，安全施工，确保施工进度，保证按计划完成各项指标。

一、资源场地施工布置

斯里兰卡机场高速公路（CKE）项目设置以搅拌站、拌合站、预制场地为主的资源场地系统，包括预制构件厂、混凝土搅拌站、稳定碎石拌合站、沥青混合料拌合站、矿粉粉磨站、石料破碎生产线。多条生产线及布置合理的加工区、堆放区，保证了施工现场资源有序生产、供应。

1. 临时设施。在两条生产线间设敞开式钢筋、木工加工车间，钢筋加工车间为 $6m \times 36m$，木工车间为 $6m \times 21m$；钢筋原材堆放场设在空心板堆放场外侧，10t工作龙门吊范围内，以方便装卸；预制场内设周转材料堆放场及模板维修场地一处。

2. 预制空心板生产线。设生产线一条，长度为86m，每次生产15m板5块，龙门式起重机范围内存板场地可临时堆放板249块（按15m板长考虑）。生产线上设35t龙门式起重机两台及10t龙门式起重机一台，分别负责空心板梁的起板、堆放、装车、预制生产线模板装拆、混凝土浇筑施工等工作，15m以上板的堆放支座应采用整板式现浇条形基础，上部采用砂袋堆码。

3. 小型预制构件场地。设加工区及堆放区，加工区设硬化场地为 $25m \times 50m$，100mm砂砾垫层上浇筑100mm混凝土。堆场为 $25m \times 50m$，设条形支座垫石堆码。

二、便桥、便道施工布置

进入现场后,先进行主线沿线施工便道、便桥的修缮、修筑工作,及时建立主线沿线的水电管线,为项目的施工做准备。

1. 除便桥宽度受限制外,所有施工便道宽度不得小于6m,所有桥位一侧施工便道宽度应保证在8m以上,以方便桥梁吊装作业。施工便道、便桥是从各施工段进入施工场地的唯一通道,在施工过程中按通行15m空心板梁的运输车辆和100t吊车荷载控制,在特殊情况下应采取加固措施,方能通行较大或超重车辆,新设置便桥必须经过设计验算后方能施工。

2. 当部分地段因征地线范围或其他原因限制,便道只有4m宽左右时,隔200m修筑一个会车平台,会车平台处施工便道铺设宽度为7m,正线长度30m,两侧设渐变段长度各15m。同时考虑在沟、渠道位置设置管涵,打通便道并保证水路的通畅。对于局部施工便道有较大沟渠及河道等不方便设置管涵处,考虑设置施工便桥,当便桥宽度6m以上时,两侧采用围堰筑岛方法加固支座地基,以保证便道车辆的顺利通行。在有小船通行要求的河道,应保证小船通行。

3. 便道路面结构形式。便道采用山皮土(石渣)路面结构,厚度为100~150mm,便道应保证雨季最低高度标准,采用海砂填筑,压路机碾压成型,压实度应保证路面通车时不沉陷。对于已被雨水浸泡的路段,采用石渣回填压实加固。

4. 施工便道排水系统。便道一侧与路基施工同时考虑设置临时排水体系,两侧沿线通长各设置一条临时排水沟道,采用土水沟形式,排水能力与汇水面积相协调,以保证路面不积水为原则。

5. 区分设置便涵、便桥。对于宽度在2m以下的排水沟渠,视沟渠宽度设1~2根管涵,管涵直径为500~1000mm。对于跨设宽度为3~5m的河道,采用设置钢便桥(软基桥台采取普通处理)方案。当河道宽度大于6m时,采用设置钢便桥(软基桥台采取特殊处理)方案,其他宽度河道则采用路基延伸方法,使其满足上述河道宽度设置原则,分别采取三种不同的方法施工。K8+750、K15+518、K19+896钢便桥为韩国人遗留下来的,应经过验证确认安全后进行平台修复等工作,否则应进行加固处理。

三、生活区、生产区施工布置

1. 生活区及办公区布置。在主营场地内布置员工宿舍、办公室、会议室、食堂、员工娱乐设施、中心试验室、业主办公区及业主试验室，区内设250t水池及5t高位水箱，内部设施齐备。

2. 办公及通信设施布置。在主营区设直拨电话2部，传真机1部，网络宽带6条，与业主、外界及时进行联系。另设对讲机10部，以方便施工时联系，便于现场管理。

3. 设立消防、保安、环保等组织机构，制定有关的规章制度，另行设置消防、保安、环保设施，确保场地内消防、环保达到要求，并保证场地的安全。

4. 除主营区外，设三个副营区，分别位于K2+112、K16+053、K24+715三处互通立交附近。

第一副营区位于K2+112 PEL立交新建连接线的征地范围内，占地约5000m^2，搭建部分活动板房，作为办公和小部分施工人员居住营区、放置施工设备、设置钢筋加工车间、临时材料的存放等场地，负责K0+000～K5+000区段的施工。

第二副营区位于K16+053附近，占地约3000m^2，搭建部分活动板房，作为本项目办公和小部分施工人员居住营区、放置施工设备、设置加工车间、临时材料的存放等场地，负责K13+000～K22+400区段的施工。

第三副营区位于K24+715附近，占地约5000m^2，搭建部分活动板房，作为本项目办公和小部分施工人员居住营区、放置施工设备、设置加工车间、临时材料的存放等场地，负责K22+400～K25+800区段的施工。

由此可见，斯里兰卡机场高速公路（CKE）项目根据工程的特点，充分利用施工场地和施工空间，合理布置资源场地施工、便桥和便道施工、生活区和生产区施工，相互协调，保证了工程质量和进度，按计划完成了各项指标。

第八节　本章小结

斯里兰卡机场高速公路（CKE）工程中标后，项目团队依据合同、图纸、工程环境、资源状况等进行项目管理策划，从项目管理目标、项目组织机构、项目施工顺序、项目风险对策、施工布置等方面开展施工准备工作。

设置了项目工期、成本、质量，以及安全、环境、健康、安保等控制目标，以确保项目按照工期要求稳步推进，成本按照计划、控制、核算、分析、考核流程进行。质量管理包括设计阶段、采购阶段、施工阶段的全生命周期的质量管理，对影响健康、公共安全、工程直接作业环节安全、环境卫生的不确定因素加大管控力度，把隐患和损失降低至最小。

第六章　主要管理措施
Chapter 6　Main Management Measures

　　为保证斯里兰卡机场高速公路（CKE）项目按照合同要求顺利进行，项目部严格实施工程计划管理，统一调配人力、物资、设备、资金等资源，加强工程质量、施工安全及环境保护等方面的管理措施，确保各项管理目标的实现。

In order to ensure the smooth implementation of the Sri Lanka Airport Expressway (CKE) project in accordance with the requirements of the contract, the project department strictly implemented the project plan management, unified deployment of human resources, materials, equipments, capital and other resources, strengthened the management measures in terms of project quality, construction safety and environmental protection, and ensured the realization of various management objectives.

第一节　工程计划管理

　　本项目根据合同的要求，严格时间管理控制，科学编制工程计划，包括劳动力资源配置计划、施工机械设备资源配置计划、工程用料采购计划、施工用周转材料配备计划、临时设施工程计划、施工用电计划等，很好地提高了工作效率。

一、建立严格的管理制度

　　工程开工前做好各项管理准备工作，制定好各项管理规章制度，包括工程技术管理制度、试验管理制度、测量管理制度、质量管理制度、经营管理制度、财务管理制度、项目成本控制制度、后勤行政管理制度、物资供应管理制度、物流管理制度、机械设备维护保养制度等。

　　建立项目部各职能部门岗位责任制，编制保证工程质量的措施、质量计划等，建立试验与检测、现场报检与抽检管理程序，编制试验工作计划等，制定安全管理计划、环境保护管理计划、安全及文明施工管理办法及实施细则，编制环境健康、环境保护、安全文明生产、保卫工作责任制等。

二、做好施工准备工作

在项目开工前做好各项管理准备工作，制定好各项管理规章制度，做好技术准备、物资准备、劳动力准备、施工现场准备工作是一个系统的工程，对此，项目部高度重视。

前期准备主要包括施工队伍集结、调运设备机具、搭设员工宿舍及临建工程、生产设施建设以及施工与技术管理方面的准备工作。材料供应及备料准备工作是完成后续工作的前提条件，必须进行详细的组织和控制，从原材料采购、运输及市场变化等情况，分析判断市场走势后及时作出决策，以控制材料行情变化的风险。路基填筑使用的海砂要根据施工进度，大约提前6个月与材料供应商签订供货合同。路面工程用碎石量非常大，因此，本项目在路基施工之前充分考虑备料工作，在正式路面工程开始时其碎石的储备量应达到路面需用的1/2左右，同时还应在保证原材料的供应不受影响的前提条件下，否则其备料数量还应增大。其他工程的材料也要充分考虑施工进度、材料及设备的采购供应周期，以便项目顺利进行，从而有效地保证项目工期。

另外，根据斯里兰卡的人力资源供给情况，主要技术和管理人员由国内调入，司机、普通技术工人和普通工人采用就地雇佣方式解决。合理组织劳动力，及时调整劳动力用量，确保施工人员及时进场工作。

三、重视关键控制项目及关键线路

本项目工期控制关键为工程路基软基处理、路基填筑及预压沉降、主要桥梁工程（PEL IC 11×20桥梁、化肥厂K4+340 17×20桥梁及KAT IC 36×20桥梁）三项内容，主要控制关键点为路基软基处理、路基填筑及预压沉降、桥梁桩基、预制空心板（箱）梁、涵洞及通道、填湖路基施工（图6-1）。

路线前7km的软基处理和填筑较为集中，要在开工后尽早实施。涵洞及通道工程必须在路基完成预压沉降之后才能开始施工，其直接影响工期控制。填湖路段路基在填湖工程完成后也必须再完成路基的软基处理和预压沉降工作，应尽早实施。在填湖路基形成并完成预压沉降后，及时进行路基边坡浆砌片石的防护，除较大桥梁工程中间跨支墩位置可在工程开始时即可开展工作外，一般桥梁工程桥台两侧均完成预压沉降的软基处理工作后方能开始施工桥台部分，故此部分工作应尽量优先安排，以保证整体工期。

图6-1 斯里兰卡机场高速公路（CKE）道路沼泽地段

四、强化保证措施，保证工期进度

（一）从组织管理上保证工期

强化组织机构，投入精锐力量。根据本项目的特点，为便于管理和组织施工，组织充足的精干技术及管理人员，调集精良设备投入本工程项目之中，建立以项目为核心的责权利体系，定岗、定人、授权，各负其责。建立奖罚严明的经济责任制，每季度进行一次总结，对提前完成任务的相关责任人进行奖励，未能按时完成任务的，按拖延的天数进行罚款，谁拖延谁受罚。建立高效的调度指挥系统，全面及时掌握并迅速、正确处理影响施工进度的各种问题，对工程交叉及施工干扰工序加强指挥和协调，对重大关键问题要超前研究，制订措施，及时调整工序和调动人、机、财、物，保证施工的连续性和均衡性。

（二）从计划安排上保证工期

制定周密详细的施工进度计划，抓住关键工序，对影响总工期的工序和作业环节给予人力和物力的充分保证，确保总进度计划的顺利完成。软基处理是影响路基施工的关键工序，路基填筑和预压沉降控制是影响路面工程施工的关键工序，桩基施工是影响桥梁施工工期的关键工序，预制梁板施工是影响桥梁吊装工期的关键工序。施工时，应充分考虑网络计划的作用，确保关键线路工序按期完成，并根据施工情况，及时调整网络计划，确定新的关键线路作为下一步施工重点。

针对当地气象条件，合理安排季节性施工。本项目的主要管理人员、技术人员、技术工人均为国内员工，根据需要雇用大量当地临时劳务作为施工辅助人员。临时劳务人员的岗位安排主要考虑在关键工序的辅助工作、排水及防护工程、房建工程等非施工关键工序位置，以确保临时劳务人员的季节性离岗不影响主要工程的正常施工和整体工期进展。

（三）从设备、人员、材料、资金等资源上保证工期

将本项目列为我公司的重点工程，所需的机械、设备、技术人员、劳动力、材料、资金等资源给予优先保证。同时成立一个施工经验丰富、组织管理能力强的项目领导班子，配备一批优秀的技术骨干和状况良好的施工机械，组成一个高素质、高效率的施工作业队。做好施工机械的维修、保养工作，施工现场设置修理厂，保证施工机械的正常运转。对重要的、常用的机械和机具应留有备用设备，以防设备出现故障。

（四）从技术管理和工程质量上保证工期

由项目总工程师全面负责该项目的施工技术管理，项目经理部设置技术质量部，负责制定施工方案，审核施工作业设计，及时解决施工中出现的问题，以方案指导施工，加强工序检查，上道工序不合格，下道工序不得进行施工。采用新技术、新工艺，尽量压缩工序时间，安排好工序衔接。实行技术交底制度，项目技术人员向施工作业队进行交底，施工作业队技术人员应在施工之前及时向班组做好详尽的技术交底，对各个施工过程做好技术监控。建立完善的内部质量保证体系以加强现场施工质量管理，严格质量控制，减少因工程质量问题的返工，造成不必要的浪费，协调好质量与进度的关系，以工程质量保证工程进度。

第二节　工程商务管理

斯里兰卡机场高速公路（CKE）项目计量合约工作实施全过程管理，为了实现项目

管理目标，项目部不断提高计量合约工作的管理水平，采取了一系列计量合约工作管理措施。

一、建立组织机构，细化管理职责

计量合约部由项目部商务经理分管，负责本项目的经营管理。设部长1名，副部长1名，计量员6名，高级索赔工程师1名，计划工程师1名。

计量合约部管理职责包括负责收集涉及本部门管理职责内的有关管理制度和相关文件，学习并掌握其主要内容，并对集团公司、公司经营管理制度文件进行宣贯。负责本部门规章制度的制定，并跟踪、执行、总结，负责本部门业务流程的制定和优化，负责本部门员工业务能力的培训和指导，加强团队建设，负责本部门与上级单位和部门的联系沟通、业务协作、信息反馈，负责本部门有关业务的台账建立以及资料的收集、整理、归档，负责本部门信息化的维护，项目部领导交办的其他工作。

另外，针对合同管理、目标责任管理、风险管理、预结算管理、成本管理、分包管理和计划统计管理等专项编写计量合约部专项管理职责。

二、完善合同管理，及时更新台账

建立《建设工程合同管理目录》台账，每季度对合同履约情况进行检查，填写相关记录，对履约过程中出现的争议进行协商解决，解决不了的问题及时报告主管领导，共同商议。收到业主明确指示或函件、图纸暗示，以及现场实际情况发生的，所有可能引起合同变更和索赔事项的，在项目技术部和设计部的配合下有针对性地收集完整工程变更、索赔等经济信息资料，编制提交变更报价、索赔详情并及时获得变更、索赔金额的批复与计量。

三、加强分包管理，优化流程控制

每季度对分包履约情况进行检查，对不能满足分包合同要求的分包商，责令其整改，整改合格后继续履行分包合同，经整改仍不合格的，依据合同终止分包合同，重新选择分包商。及时、准确、规范审核分包商提出的预算计划、期中和竣工付款申请，并妥善保存相关资料。针对材料预算和使用，按材料预结算管理办法，不定期会同采购部进行库存与消耗盘点。对发现的问题，提出整改意见，对确属超额消耗的，在竣工结算中按合同规定扣除相关结算费用。工程部要对照合同，依据签证管理办法发出签证指令单，严禁事后补报、长期用工等不合格签证。

四、强化项目成本管理，防范财务风险

为加强斯里兰卡机场高速公路（CKE）项目财务管理工作，强化项目成本管理，防范财务风险，充分发挥财务在项目运营的作用，根据国家有关会计法规制度和公司财务管理制度有关规定，结合项目实际情况，项目部制定了一些财务管理实施办法。

1. 明确财务管理目标。财务部查阅原始凭证符合各项审批手续达100%，报表的及时性及准确性达100%，上报预算执行率达90%，接受各级财务检查、审计检查合格率达90%，合理控制日常规费和财务成本，做好税务管理，合理纳税和及时纳税。

2. 建立财务管理团队。财务部作为项目部财务管理的执行部门，由项目经理分管，设财务部长1名、总账会计1名、会计1名、出纳1名；当地设税务会计1名，外账总账会计1名、外账记账人员1名。

3. 明确部门职责。财务部作为项目部财务管理的执行部门，严格执行集团会计核算财务管理制度流程，全面负责本项目的日常会计核算、成本核算工作，接受公司财务部的指导、监督、检查。根据实际发生的业务，依法实行会计核算，实行会计监督，保证会计资料真实、完整、可靠，为项目经营管理提供有效数据支持；合理设置成本核算对象，及时收集整理成本资料，正确核算成本，严格履行在项目成本核算控制中的财务管理职责。

4. 实现财务管理功能。做好资金管理工作，定期编制经营预算，预测下一阶段收入、成本及利润情况。做好资金收付管理，与业主方及时办理进度款的回收。做好资产管理，包括国内资产和国外资产管理，加强现金、银行付款、存货、固定资产、办公经费等方面的管理。

5. 落实成本管理职责。总体上要明确项目成本的核算对象，正确归集各项成本和费用，及时落实成本管理责任制，建立成本、费用控制体系。项目签约后，根据计量合约部提供的预算成本做好成本的动态对比分析，定期编制实际成本报告。对项目施工过程中发生的各项生产费用，根据有关资料，通过工程施工科目进行归集，然后再直接或分配计入有关的成本核算对象，计算出各个工程项目的实际成本。

五、做好税务管理工作

本项目涉及增值税、国家建设税、关税管理，根据合同约定，本项目当地税，除企业和个人所得税外，其他税都能得到豁免或先征后退。本项目企业所得税向斯里兰卡税务局申请采用核定征收方式，金额核定收入，核定利润率为7%，所得税税率为28%，利润汇出税为14%。按照权责发生制计提企业所得税，在斯里兰卡缴纳的企业所得税通过总包账核算，避免项目双重缴纳企业所得税，还可以在中国进行抵免。

第三节　人力资源管理

由于国际工程承包项目的国际性特点，工程项目往往并非在本国进行，出于政治制度和经济利益的考虑，国际承包企业难免要在项目所在国当地雇佣人员参与项目的建设，而中国雇员往往面临语言、文化、饮食等方面的差异和社会治安等方面的风险。所以，这类项目的人力资源管理具有特殊性，无疑增大了管理者的管理难度。

一、建立组织机构，细化管理职责

根据本项目的特点，项目部成立人力资源部，从多方面、多层次着手加强人力资源管理工作。人力资源部负责本项目的人员招聘，包括分包招聘以及当地员工的招聘，负责项目招聘人员合同的签署及保存，负责当地员工及劳务公司的工资发放与考勤管理等。

1. 劳务人员的招聘及合同管理。针对直聘员工的合同管理，由项目部综合办公室将直聘员工合同资料进行扫描存档，并建立合同台账。针对劳务公司的合同管理，中国分包商与中国籍劳务工签订真实有效的劳务雇佣合同。每批中国籍劳务工进场后，分包商须及时向项目部人力资源部提交当批进场人员的劳务合同、健康体检证明、特殊工种操作证等的复印件进行备案，项目部综合办公室将分包商提供的资料进行扫描存档，并建立合同台账。

2. 绩效、薪酬及人工成本管控。针对外聘中国籍员工、当地直聘人员及当地劳务工分别制定不同的绩效考核和工资管理制度，工资支付须经过项目部内部审批，由综合办公室主管、财务主管以及项目经理签字后进行扫描，上传至公司OA系统进行审批，待OA系统完成审批后，由项目部财务部进行网上支付，将工资汇入银行账户。

二、团队建设与雇员当地化

项目部聘用当地员工承担工程管理工作。中方人员97人，当地员工115人，项目部核心层及部门部长均由中国员工聘任承担主责岗位。

中国籍员工来源途径有：项目部管理人员由公司派遣、项目部自带班组采用劳务派遣方式和分包商人员由分包商派遣。当地籍员工来源途径有：项目部管理人员由项目部同个人签署劳动合同、中国分包雇佣的当地工人由项目部同当地劳务公司签署劳务派遣合同、当地分包的员工由分包人派遣。

注重项目部文化氛围的形成，加强交流，使各领域、各层次的员工求同存异、共同发展。如对青年员工，适当调换工作角色，扩展其实践机会以丰富其阅历，并逐步增加其工作担子。对为项目作出突出贡献的员工，采取开会表彰等公开方式使其感到自身价值的实现、获得他人的认同。在工作之余适当安排周边观光旅行，开阔其视野，帮助其熟悉周围环境，促进人际交流。对非本国雇员可采用中国式的会餐等文化活动使成员加强了解、促进融合等，项目管理者在项目实施过程中始终贯彻团队思想，促进各成员之间的协同合作。

三、设定多样化的激励和约束机制

由于项目人员的来源不同，首先采用谈心交流等方式了解不同人员的目标，区分各个目标分别设定激励、约束机制，给予他们充分实现个人价值的发展空间，充分授权、委以重任，发挥其聪明才智与创造性潜能，尽可能少地使用物化条件的约束。尽量避免激励、约束机制的单一化造成的低效率，建立对外有市场竞争力的、对内公平公正的目标导向的激励、约束体系。

四、加强培养，提高人员的素质

对作业人员，通过观察，将其中部分成绩突出、能力较强的选拔出来，通过培养锻炼使其具备更强地带动、组织一般人员的能力，逐步将其转化为技术型、管理型的工人、工长，提高生产要素的使用效率。对于管理人员，充分利用他们自身的文化优势和学习能力，安排培训机会，让他们学习掌握当地法律、法规、制度、做法，取得与项目实施有关的当地或国际标准的认证证书，加强与项目所在国本地语言、文化的融合。这些措施，不仅有助于员工自身素质的提高，更有助于项目的顺利实施，化解和避免矛盾，降低我国国际工程承包项目在国外经营的风险。

五、强化制度约束，完善管理，保证当地雇员高效的工作

鉴于斯里兰卡与我国文化传统、劳动法制等方面的差异，当地雇员工作方式的不同不仅可能造成自身工作效率低，也可能对我国派出雇员造成不良影响。一方面，应遵守项目所在国的劳动法律和制度，避免产生不必要的纠纷；另一方面，力图建立完善的适合项目建设需要的项目内部管理规章制度以及有效的绩效评价和奖罚标准。在雇用时即谈定合同条件，明确具体要求，并在实施中严格落实执行，尽力争取在管理上处于主动地位。

总之，国际工程项目管理中人力资源的管理犹如将帅带兵，如何能使全体将士人尽其才，的确并非易事，必须结合科学的管理，针对其不同人员特点和优势，分类进行管理、培养、灵活使用，以提高人力资源使用效率，从而提高项目经济效益。

第四节 工程物资管理

目前，国际工程的最大市场仍然在发展中国家或者不发达国家。海外环境特殊，生产制造业不发达，与国内相比有较大差距。囿于这些国家的特殊情况，物资供应、采购渠道和物资管理难度都很大。在很多国际工程的实施中，因为物资管理不佳导致停工或者无法按合同工期完工的情况很多。所以，针对斯里兰卡机场高速公路（CKE）项目，项目部的管理人员认真研究斯里兰卡实施工程中物资管理的特殊性，因地制宜管好项目的各类物资。

一、建立组织机构，细化管理职责

项目部设物流采购部（以下简称物流部，包括国外物流部、国内物流部）作为项目所有物资采购及供应管理的归口部门。

物流采购部的职责包括贯彻落实分公司及集团采购中心有关采购的管理规定，负责制定本项目《采购管理实施细则》《物资验收、仓库和发放管理细则》及相关规定，经项目经理批准后执行。负责材料预算和需用计划的收集汇总及采购计划编报工作，负责供应商寻源和供方评价。国内采购时，推荐供应商参加平台招标工作；负

责确认物资采购途径，对于需要在国内采购的物资，上报分公司采购物流部进行备案及采购。在当地及第三国采购的物资，按《采购管理实施细则》采购流程要求实施采购，负责物资采购验收，国内监装、报关、海运，国外清关、运输及项目现场验收入库工作；负责采购资金预算及各类报表的填报，负责物资仓储及收发管理。接受分公司采购物流部的监督和检查，负责相关设备租赁，包括现场施工用设备及运输设备。

二、工程所在地物资缺乏困境下的国际物资采购

（一）物资采购种类

由合约部编制本项目所需大宗材料和构成工程实体设备的总预算，经项目经理部领导班子审批后提交物流部作为采购备货依据。大宗材料采购包括形成工程实体的钢筋、钢板、钢板桩、声测管、水泥、石料、粉煤灰、砂子、沥青、山皮土、外加剂、交通工程设备及构件、材料等，还有工机具及辅材、周转材料、劳保用品等的采购。

（二）工程所在地物资缺乏困境下的国际物资采购方式

国内物资采购按要求上报。采购中心集中采购，原则上全部在集团电商平台进行。采购按照公开招标和邀请招标方式进行，执行《中国二十冶集团有限公司招投标管理制度》的规定，单次采购金额达到50万人民币以上选用公开招标和邀请招标。

定向询价采购适用于物资需求数量较少、生产厂家不足、地域性强的物资。属于下列情形之一的，可采用单一来源采购方式，业主在施工合同、相关文件中约定物资品牌或产品生产厂家具有唯一性，且无其他合适产品替代，需对原有采购进行后续扩充采购，签订补充协议的。凡构成工程实体的物资，必须预先提供供应商的简介、生产管理体系认证和产品检测报告等全套中英文资料，向业主方进行材料源预报验，获得咨询工程师（ER）批准后方可实施采购。

三、当地份额限制下的第三国物资采购

当地和第三国采购，物流部根据材料需要计划按时上报月度资金预算给财务部，物流部收到材料预算及有项目经理签字的需用计划核实库存后实施采购。

采购的首要原则是保质保量并及时供应，其次是在满足质量和及时供应条件下

成本价格最低，第三是批量经济。除了砂、石、红土、沥青、水泥等大宗材料及当地机械设备配件和零星耗材等，无论是设备和材料，均应优先考虑从中国国内采购。构成工程实体的设备和材料均需采用英国标准并提供完整的质量报验资料报ER批准。当从国内采购的产品因标准不符而导致报验无法通过时，可从斯里兰卡当地或其他第三国实施采购。

如一次性采购金额超过5万美元的物资，原则上应由项目经理部物资部门组织至少三家供应商参加投标报价、比价采购，由项目经理及各部门负责人签字确认后，形成《评标记录》及《合同评审》，报公司采购物流部备案。如有特殊原因，无法满足至少三家的报价，需向公司采购物流部提交采购申请报告，在得到许可后，方可进行采购。地方材料及商品混凝土不受此限制。

四、做好现场物资管理

严格做好进货物资验收，对当地采购物资、国内发运和第三国采购物资、固定资产类设备物资分别做好登记工作，按规定进行收发管理。做好物资的储存和保管，对储存的物资做好产品标识和状态标识，对于容易混淆或有追溯性要求的材料（如钢筋等）必须有产品标识。对危险品、化学有毒物品、贵重金属等单独存放，并指定专人负责，严格按照要求进行检验、查收与存储工作。

物资发放必须严格按照管理制度和领用计划办理发放手续，每月盘点一次库存情况。危险物品保管必须指定专人负责，危险品入库应进行严格的检查和验收，危险品必须按规定储存，单独建立台账，单独管理危险化学品采购、验收和发放。根据不同化学品的性能及其存储、运输、使用等要求，材料员对保管员、保管员对领用单位分别进行危险化学品使用培训交底，保存书面的交底记录。

由此可见，国际物资管理是国际工程中最重要的环节之一，也是最复杂、最容易出问题的环节之一，需要我们用心血和汗水去不断地探索和实践。一定要适合国家条件和环境，立足各自的实际情况，认识到位，组织落实，方法得当并持之以恒，才能真正发挥出物资管理的优势，服务好国际工程项目。

第五节 工程设备管理

机械设备是工程施工过程中的重要组成部分，施工机械设备的管理是否科学，将直接关系到整个工程的成本造价，设备操作是否符合规范，不仅会对整个工程的施工安全产生深远影响，更制约着整个工程质量的提升。因此，加强施工设备管理，将机械设备的管理纳入到国际工程施工质量管理体系中来，这对降低工程成本、提高工程质量、完善质量管理体系，具有十分重要的作用。

一、建立组织机构，细化管理职责

斯里兰卡机场高速公路（CKE）项目的设备管理由项目部工程（资源）经理分管，设立机械管理部。本部门设机械管理部部长1名、机械管理员2名、维修管理员2名、加油管理员2名、备件管理员2名。斯里兰卡籍员工保险管理员1名、维修管理员2名、资料员2名、修理工若干名。

机械设备管理要求履行的管理职责包括：贯彻执行公司机械设备管理文件和管理制度、负责一般机械设备事故的调查和处理、配合公司进行重大机械事故的调查和处理，以及负责管理办法、操作规程及特种作业人员的交底。根据项目总进度计划编制机械设备进出场计划，负责机械设备的安装和日常检查，负责监督设备使用单位年度维修保养计划、日常维修及维修用料成本核算。收集、验收机械设备进场合格证（生产制造许可证、产品合格证），建立设备固定资产台账，属于《特种设备安全监察条例》及斯里兰卡当地安监机构所规定的特种设备，需在有效期满前1个月组织特种设备检验机构检查。

二、加强管理、定期保养、合理使用

在项目施工建设中，机械设备是完成工程各项施工任务、确保工程质量、加快施工进度的关键，是提高经济效益、改善劳动条件的主要手段。因此，管、用、养在工程设施建设中有着极其重要的作用。

这就要求项目部所有员工端正态度，对机械管理工作给予大力的支持和足够的重视，处理好管、用、养之间的关系，改变重用轻管、只用不养、不坏不修、抢任务拼机械的错误做法。因此，要加强管理、定期保养、合理使用，尽可能使机械处于完好状态，从而产生较大的经济效益。

三、贯彻"管用结合、人机固定"的原则

工程机械设备使用管理以机械设备使用单位为主，项目经理部检查、监督为辅；机械设备的使用贯彻"管用结合、人机固定"的原则，按设备的性能合理安排、正确使

用，充分发挥设备的功效。专业施工队根据项目经理部的要求，按照《施工组织设计》或《施工方案》上报机械设备使用计划，经工程部审批，项目经理批准后实施；批准的机械设备使用计划由文件管理员收存、建立目录，并填写"施工机械设备台账"。

机械管理部建立完整的《设备进、出厂台账》，组织对大型机械设备（包括租赁设备）的进场验收，以确保进入施工现场的机械设备处于完好状态，大型机械设备进场后，工程部按监理（业主）具体要求报审相关资料。

机械管理部建立操作证台账，做好机械设备操作人员的管理。设备操作人员必须经过技术培训，学习机械构造、原理、性能、维修知识，熟悉机械设备的技术性能和安全技术操作规程，做到"五懂五会"（懂构造、懂性能、懂原理、懂用途、懂润滑；会操作、会保养、会检查、会排故障、会合理使用油料），技术培训合格后方可持证上岗操作。

可见，机械设备的管理是国际工程施工管理的重要环节，对施工质量的提高和降低工程造价有着十分重要的意义，因此，必须实施全过程的设备管理，以实现工程项目的经济效益。

第六节　工程质量管理

国际工程项目施工代表着企业形象及国家形象，其工程项目施工质量及诚信度，直接影响着企业及国家在某一国家市场中的生存与发展状况。为此，企业应加强国际工程施工质量管理，以质量求生存，在保证工程质量的基础上，实现国际工程施工的综合效益。工程施工质量管理，指的是采取协调行为控制工程质量，其主要内容包括工程项目质量管理策划、质量控制、进度控制、质量改进等。质量管理的最终目标是实现工程项目的整体质量。在进行国际工程质量管理时，应将施工阶段的质量控制作为重点，做好质量管理工作，实现工程施工的综合效益。

一、建立组织机构，细化管理职责

为了加强斯里兰卡机场高速公路（CKE）项目的质量管理工作，要规范和明确本项目部的质量管理行为和职责，提高工程施工质量管理水平，保证公路工程施工质量。质量工作由项目总工程师分管，聘用质量经理（斯里兰卡籍）代执行部分质量管理职责，项目设置质量管理部。

质量管理的工作职责包括建立健全完善的质量岗位责任制，层层落实，形成全员、全方位、全过程的质量保证体系，确保工程质量。项目经理为质量管理的第一责任人，总工程师为质量管理的直接责任人，项目部相关部门负责人对质量负相应的责任。项目部成立质量管理领导小组，以项目经理为组长，总工程师、副总工程师及副经理为副组长，其他部室负责人及作业队负责人作为组员负责项目质量管理的领导管理工作。项目经理部建立以项目总工程师、工程技术、质量、试验、物资、安全和经营组成的项目质量管理体系，并按照规定配备相应的质量管理人员，设专职质量检查人员，负责项目质量体系的运行和日常质量管理工作，在业务上接受集团公司项目管理部的监督、指导。项目部质量管理人员应保持相对稳定，施工单位质量负责人及资料员等也应保持相对稳定，不得随意调换人员，以保证质量管理工作的连续性。确需变动时，应及时上报项目部，项目部将逐级上报集团公司管理部备案。

二、实施质量计划和管理

质量管理部根据批复的项目质量计划，对各部门进行质量计划交底，各部门根据质量计划要求建立相应质量程序并予以执行，运行各程序要求的质量记录，留存归档。对各部门质量计划的执行情况进行监督、检查，对不符合质量计划程序的项目下发整改通知单，整改后进行检查并继续予以监督。根据质量计划各程序的执行情况，对各程序进行必要的修改，使得各程序的运行更加符合实际情况。

三、完善材料质量管理

质量管理部根据合同、规范和标准，对采购部报工程师代表审批材料的材料源报验资料按照项目质量计划规定的材料控制程序进行检查，材料进场后进行材料进场检查。对业主工程师批复进场的钢筋、水泥、土、钢绞线等材料，按照项目质量计划规定的材料控制程序进行检查。施工过程中对用于工程实体的材料按照合同技术规范、标准以及批复的施工方法陈述进行检查，发现不符合规定的材料要求施工队伍尽快整改、更换，对进场批复材料的堆场进行日常材料质量检查，对发现的材料质量问题要求及时整改，保证材料质量处于受控状态。

四、开展现场质量管理

质量管理部根据合同技术规范、英国标准以及批复的施工方法陈述，对所有现场施工项目进行日常质量巡查，对发现的质量问题下发不符合通知单，要求各作业队尽早、按时整改，不及时整改不得进行下一道工序施工。质量管理部定期开展现场质量大检查工作，统计发现的质量问题并召开会议，对发现的质量问题进行分析、研究，要求作业队提出纠正方案，并提出预防措施，杜绝类似的质量问题再次发生，在施工过程中不断提升项目部和各施工作业队的质量管理水平。

五、建立工程质量管理文化

项目部通过不断实施工程质量管理的文化建设，让管理人员及员工认识到工程施工质量管理的重要性，提高其质量管理意识，从而保证工程施工质量。通过对质量管理文化的凝聚、引导、规范等，提高施工队伍核心凝聚力，实现以工程质量为目标，保障工程施工综合效益。同时，项目部建立质量管理激励机制，调动施工人员质量控制主动性，推动工程质量管理目标的实现。

综上所述，斯里兰卡机场高速公路（CKE）项目的施工质量直接关系着企业形象及国家形象，为实现该项目施工的综合效益，项目部对该工程的施工特点及存在的问题进行分析，并提出工程施工质量管理措施。通过工程质量管理策划、建立质量管理体系、提高施工队伍综合质量、建立工程质量管理文化以及质量管理激励机制等措施，从而实现了工程质量管理目标，实现项目的综合效益。

第七节　工程安全管理

加强安全管理，防范和减少安全事故的发生，及时妥善处理安全事故，从而使工程顺利进行，是工程施工管理中不可忽视的一个重要环节。安全管理既关系到工程能否顺利实施，又从一个侧面反映了一个公司的管理水平和文明程度。

国际承包与劳务工程，除了具有一般工程建设的共同特点外，由于所处施工环境和要求的特殊性，安全管理既有共性又有其特殊性，在某种程度上说，安全问题更为复杂严重，因此，其安全管理工作尤为重要。

一、建立组织机构，细化管理职责

安全管理部负责施工全过程质量、环境与职工健康安全管理体系运行的安全、保卫工作，确保作业人员的人身安全，保证公司职业健康安全方针、目标和指标的实现。

为更好贯彻"安全第一、预防为主、综合治理"的安全生产方针，进一步促进安全生产责任落实，加强施工生产安全动态监管，规范安全生产检查行为，依据公司安全生产各项制度，结合斯里兰卡机场高速公路（CKE）项目的实际情况，在项目经理部建立以项目经理为安全生产保证体系第一责任人的安全领导小组，编制工程安全管理实施细则。

安全生产领导小组负责拟定落实安全管理目标，制订安全保证计划，根据保证计划的要求落实资源的配置；负责安全体系实施过程中的监督、检查；在安全生产保证体系运行过程中，针对不符合要求的因素和施工中出现的隐患，制订纠正和预防措施，并对上述措施进行复查。

二、识别重大危险源，编制应急预案

工程安全经理组织项目部有关人员，结合工程特点，识别重大环境因素与危险源，进行风险评价，确定潜在的重大事故和紧急情况，组织项目技术人员编制应急救援预案。预案分为项目部应急预案总章、火灾应急预案、道路管线应急预案、坍塌倒塌应急预案、触电应急预案、高处坠落应急预案、防汛应急预案、中暑应急预案、食物中毒应急预案与国外发生冲突、发生恐怖袭击应急预案。项目部根据批准的应急救援预案，组织人员培训、预案演练，使员工掌握必需的应急知识，并配备必需的应急设备、物资，做到组织全、责任明、方法清、设施齐。

三、分工落实，有序实施应急救援

事故或紧急事件发生后，安全管理部应按预案要求做好下列工作：应急领导小组、成员各就各位，根据预案要求组织相关人员，分工落实，实施救援工作，立即上报事故情况。采取措施防止事故（事态）扩大，根据事故性质、类型启动相应的应急措施，通信联络、车辆调度、组织伤员救护等。

四、强化施工现场安全生产标准化管理

建立、健全项目经理部的安全生产责任制，做到职责明确，落实到人。项目经理是项目安全生产第一责任人，对安全生产负全面的领导责任。分包项目经理部必须设置安全生产管理机构，配备专职安全管理人员，负责施工现场安全生产工作的监督、检查和管理。施工现场要建立以项目经理为组长，由各职能部门负责人、施工管理人员组成的安全领导小组。

五、加大安全教育培训管理

项目部对入厂的工人进行三级安全教育并安排相应的考试，未经安全教育和考试不合格的不准安排上岗作业。确保进入施工现场的作业人员，必须受过安全生产方面的基本教育，对进入工地的所有职工进行安全及文明施工教育并做好记录，并由教育者和受教育者双方签字后入册。每逢节假日前后，要对全体职工进行安全教育、节日教育，要突出思想集中和保持情绪稳定，防止作业时分心走神、麻痹大意，确保安心工作、平安过节，做好安全防护措施。针对施工作业当月任务及特点提出安全防护要求和措施。通报本项目部和外协单位的事故情况，吸取教训，提出防范对策，及时传达上级安全指示。

科学合理的施工安全管理，是一个相对完善严密又行之有效的管理体系，包括人员组织、制度建立、设施配备、救援预案等，其主要任务是安全防范和安全事故处理。斯里兰卡机场高速公路（CKE）项目的安全管理有其自身的特殊性，项目部深入了解斯里兰卡的政治和社会环境，通过事前建立安全管理体系，事中做到安全文明施工，事后分析积累经验，使安全管理水平稳步提高，使中资企业在国际工程中的声誉有很大提升。

第八节 环境保护管理

工程总承包单位应贯彻执行我国及所在国有关职业健康与环境保护的法律法规，在相关条例约束下，编制详细的职业健康和环保管理方案，有效处理项目施工中造成的环境污染问题，确保项目的顺利施工，同时为企业树立良好的形象。

一、建立组织机构，细化管理职责

为加强斯里兰卡机场高速公路（CKE）项目的环境管理工作，提高节能环保水平，确保环境保护达标，使环境保护规范化、制度化，依据中国二十冶集团现有规章制度，并结合项目实际情况，项目部下设环境管理部，实施环境保护工作。

环境管理部是斯里兰卡机场高速公路（CKE）项目环境管理及其有关检查工作的领导机构，认真执行有关环境保护的法律、法规要求，制定项目部环境管理方面的规章制度。根据斯里兰卡国家总体环境保护要求制定本项目部环境管理目标、指标规划及重大环境因素的管理方案。

环境管理部根据斯里兰卡有关环境保护方面的法律、法规结合本项目的实际情况，收集、建立环境保护方面的法律、法规台账并及时更新；识别本项目范围内的重大环境影响因素，进行环境监察、巡查，并做好记录。对本项目的各种污染源及各类污染物的排放情况进行巡查、监察，并参与调查环境污染事故、污染纠纷，与当地政府环保部门进行沟通。

二、结合当地实际，开展环境管理工作

环境管理部制定环境保护管理实施细则，成立环境因素评价小组、节能减排工作领导小组、绿色施工领导小组，聘用当地环境工程师为项目部环境经理，并聘用多名当地人员辅助环境经理的管理，保证项目环境保护方面符合斯里兰卡的要求（图6-2）。

三、健全环境管理体系，建立环境应急响应预案

环境管理部根据斯里兰卡政府环境要求结合项目部的实际情况，识别环境因素，建立本项目的《环境因素台账》和《重要环境因素清单》。根据中冶集团的总体管理目标、制定本项目的管理目标、指标，并编写环境管理专项方案。项目部建立健全环境管理体系，并对重大因素建立应急准备和响应预案。环境管理部根据要求做好日常检查和巡查工作，同时对每个区域进行定期和不定期的检查。

图6-2 斯里兰卡机场高速公路（CKE）环保声屏障工程

四、开展职业健康管理，保护劳动者健康权

环境管理部根据法律、法规的要求，合理布局生产设施，符合有害与无害作业分开的原则，优先采用有利于防治职业病和保护劳动者健康的新技术、新工艺、新材料。对各类防护设备、应急救援设施和个人使用的职业病防护用品进行经常性的维护、检修，定期检测其性能和效果，确保其处于正常状态。对劳动者进行岗前职业卫生培训，普及职业卫生知识，指导劳动者正确使用防护设备和用品。

五、做好防护措施，及时组织救援

环境管理部在可能产生危害的位置张贴安全警示标志和管理制度，配备防护设备，并严格要求按照安全操作规程进行工作。对可能发生危害健康的部位安装报警装置，现场配备急救用品及冲洗设备，应急撤离通道和必要的泄险区。

混凝土搅拌站是容易产生水泥粉尘的地方，要注意环境保护，控制粉尘的产生，岗位职工要戴防尘面罩等防护用品加强防护，防止长期接触水泥粉尘危害健康。油漆工是可能接触含有苯的油漆及稀释剂的工种，特别要注意预防苯中毒，长期从事此类作业，必须戴防毒口罩。在室内作业时，要注意通风，在地沟或管道等封闭环境中作业时，必须有排风换气设备。

发生危害事故时应立即报告并采取相应对策，立即停止作业，按项目部应急准备与响应方案及公司相关程序文件执行，作业人员需立即送医院检查治疗，直至康复。

六、大力开展环保检查，做好施工现场环境保护

环境管理部负责定期对施工现场环境保护情况进行监督、检查，如发现问题，主要责任部门、单位应立即采取措施加以纠正。

（一）防治大气污染

施工现场的主要道路、料场等区域必须做好防尘措施。土方应集中堆放并用帆布遮盖，防止大风扬尘。主要施工道路在大风或干燥天气应洒水湿化或采取限速等措施，确保车辆通过时不扬尘。拆除旧建筑物时，应采用隔离、洒水等措施防止扬尘，严禁焚烧含有有毒、有害化学成分的装饰废料、油毡、油漆、垃圾等各种废弃物，尽量采用新工

艺、新技术，以减少在施工现场熔融沥青。运输土方和施工垃圾应采取密封式运输车或采取覆盖措施，并根据风力和大气湿度的具体情况选择合适的时间作业。施工现场混凝土搅拌站场所应采取封闭、降尘措施，水泥和其他易飞扬的细颗粒建筑材料应密封或覆盖，进入施工现场的机械设备、车辆应限速行驶，其尾气排放应符合环保排放要求。

（二）废水控制管理

1. 施工生产污水的控制。降水、基坑产生的污水需经沉淀后，检测无污染后排入业主指定的沟道；施工生产过程中各种高浓度的有机溶剂、化学废液和油类不得倒入污水管道，应用容器专门收集，统一处理。漏滴在地上的油及化学品应用抹布擦拭干净，禁止用水冲入下水道。

2. 生活污水的控制。严禁将食堂的残油、剩饭菜渣倒入污水管道；严禁使用含磷洗涤剂冲洗餐具；食堂污水排放口设置过滤网，滤出的生活垃圾按《废弃物处理规定》执行。厕所清洁员应经常检查所内设备的运行情况，每年清理一次化粪池。使用无磷洗衣粉，不在水池中冲洗油抹布、油拖把。

3. 雨水控制。设置专门的雨水管道，禁止将污水排入雨水管道，有毒、有害施工、生活垃圾不允许露天堆放，以确保雨水不被污染。

（三）废弃物管理

项目管理部对存放在指定区域的一般废弃物和危险废弃物应分类存放并标识，防止混放。对办公活动、施工过程所产生的一般废弃物，应由产生该废弃物的部门进行集中存放，并由清洁工每天进行清理。职工食堂的剩饭剩菜、回收动植物油等由办公室进行统一管理并由专人回收处理。

对办公活动、施工过程、试验活动产生的危险、有毒、有害废弃物，应由产生该废弃物的部门进行分类存放，做好标识，并运送到指定区域。对挥发性大的废液，应使用有盖的容器盛装，不得直接从洗手池或下水道排出。对所有的危险废弃物，应由项目部联系有资质的回收公司回收处理。

（四）噪声控制管理

项目管理部施加控制的噪声源主要有施工机械、施工机具（电锯、空压机、风镐、磨光机等）、机动车辆、搬运、装卸等，所有设备均应在无异常噪声的状态下工作。每月二次由环境部门分别对现场噪声和岗位噪声进行监测，结果填入《噪声监测记录表》。对超出噪声控制标准的项目进行改进，暂时无法改进的，对噪声区内工作人员采取相应防护措施。

斯里兰卡机场高速公路（CKE）项目在施工过程中，合理编制环境预案，积极开展环境监测，实现了环保管理目标，满足了斯里兰卡的环保法律及许可条件的要求，有效控制了环境污染隐患，未发生任何社区或者政府部门环保违章投诉，避免了因环保违规带来的停工或者环保处罚风险，保证了项目的顺利实施。

第九节　社会安保管理

社会安全保障是海外工程项目管理中最大的难点之一，重点集中在人员社会安全防护方面，通过安保人员力量、安保防护资源、安保储备资源等方面的建设，确保整个海外项目运行期间的所有员工人身和财产安全，保证企业的国际形象不受到影响，确保能规避、降低或转移相关社会安全风险。

一、斯里兰卡的社会安全状况

斯里兰卡经济发展总体势态向好，政局基本保持稳定。项目路线位于科伦坡北郊，在斯里兰卡西部省境内，平行于国家级一级现有A3公路。项目建设过程中面临各种社会安全潜在的风险，主要有以下五个方面：当地民族与宗教冲突带来的社会安全风险，民众抗议示威带来的社会安全风险，多行业工会罢工影响当地社会生活秩序带来的社会安全风险，医疗卫生状况不佳存在传染病高发的风险，自然灾害、周期性暴雨及其引发的次生灾害带来的风险。

二、开展外事培训，建立起"互通互联"的关系

斯里兰卡机场高速公路（CKE）项目自授标、授权进入施工现场开始，便组织全体员工进行外事教育和培训。项目部成立外事办，聘用当地高级外事安全顾问，与当地警察局及其他地方工程建设紧密关联的政府部门和管理机构建立起"互通互联"的关系。与项目代理建立日常工作会议制度，化解对工程建设影响不利的矛盾，制订了卓有成效的管理措施。

三、密切关注斯里兰卡国内政局走向

斯里兰卡是多党派民主执政国家，政治生态和各方势力博弈，需要项目部做好相应的风险分析与应对工作。企业与执政党和在野党皆保持良好关系，关注当地税制与司法程序变动，同时聘请当地税收财务顾问公司，厘清工程成本安全、收支安全；聘请当地高级计量工程师，做好合规经营管理。

四、尊重当地文化信仰与风俗禁忌

斯里兰卡是多民族国家，需要项目部尊重当地文化信仰与风俗禁忌，重视工会组织、所在社区、周边部落族群诉求，有计划地参与其社会公益活动，与各类群际关系加强交流，保证当地雇员与周边民众各项合法权益，重视当地媒体关系，做好全面风控。

五、重视劳工关系和当地用工法规

熟悉中国和斯里兰卡用工模式和相关法律、法规的不同之处，重视劳动关系背后所牵涉的文化、传统、宗教、价值观等无形因素，按照当地法律要求和企业自身发展需要，为当地居民提供更多的就业机会，创造良好的就业条件。

六、密切关注当地警情，提升安全防范意识

密切关注项目当地警情、舆情，加强中方项目和人员安全风险管理，重要场所配备专门安保力量，采取相应的安保措施，项目部根据当地民风、民情，派驻当地警察，确保一方平安。设立公共卫生防御体系，避免疾病传染。同时，与中国驻当地使馆保持紧密联系。

所以，斯里兰卡机场高速公路（CKE）项目在建设过程中需要考虑宗教信仰、政治生态、人文差异等方面带来的社会安保问题，从对外协调、文化包容、现场管控、应急管理、安保检查等方面出发，采取各项防控措施，才能为海外项目的安保风险管理提供良好的内部和外部环境。

第十节　本章小结

项目计划管理是控制整个项目进度的生命线，斯里兰卡机场高速公路（CKE）项目的成功离不开项目团队优秀的计划管理能力，高水平的计划管理更需要行之有效的计划和进度管理协调机制的支持。

项目商务管理的成本控制是项目顺利实施的关键环节，项目成本完成系统考核，进行月、季度分项工程成本分析，提高成本管理水平。合同管理贯穿于工程实施全过程的各个方面，是工程项目管理的核心灵魂。做好与业主、分包商合同管理，做好变更及索赔事项管理，维护合同赋予的合法权益。

物资管理的采购管理对于国际工程项目来说尤为重要，专业的采购管理可以有利规避风险、降低成本。熟悉采购流程的国际法律、法规和各个细节是不可或缺的，做好采购成本控制、采购成本数据管理，依据现场进度情况，制定合理的物资价格采购方案是降低成本的重要举措。物流管理的进、出口流程和清关，以及物资运输环节供应链物流是海外工程成败的关键。

项目质量管理是指工程全生命周期的质量管控，加强项目质量管理需要结合当地法律、法规及风俗文化，实施过程中要考虑地域特殊性，以及对项目从设计、采购、施工及验收每个环节进行严格质量控制。熟悉合同条款及合同执行的技术规范，确保项目质量目标的实现。

项目安全、环境、安保管理是项目顺利推进的保障和基础。在国际工程中，依据工程所在地具体环境因地制宜，围绕保障人权、保障安全为核心，完善管理体系，制定管理制度，加强安全教育，提升管控意识，落实劳动保障等。

第七章 关键技术
Chapter 7　Key Technologies

斯里兰卡机场高速公路（CKE）项目在建设过程中，逐步形成了压缩-剪切微观结构模型技术、泥炭土复合地基-超载预压综合处理技术、海砂填料复合"洒水+振压"法的施工工艺等关键技术。这些新技术的运用和推广，为项目的顺利进行提供了可能，也充分展现了中国建造的风采。

In the process of construction of Sri Lanka Airport Expressway (CKE) project, the key technologies such as compression-shear microstructural model technology, peat soil composite foundation - surchrage preloading comprehensive treatment technology, and sea sand packing composite "sprinkling + vibrating pressure" construction technology have been gradually formed. The application and promotion of these new technologies provide the possibility for the smooth progress of the project, and fully show the elegant demeanor of Chinese construction.

第一节　泥炭土地基处理成套设计施工技术

泥炭土具有超高含水率、超高孔隙比、超高压缩性等特性，在全世界59个国家和地区广泛分布，总面积高达415万km^2。中国及"一带一路"沿线国家，泥炭土分布面积高达178万km^2，占全球泥炭土分布总量的43%。由于对泥炭土工程特性、变形机理及地基处理技术缺乏认识，传统的地基处理方案是通过大面积换填或打桩托换，投资大、工期长，不符合节能、环保和绿色发展理念，国内外尚无有效利用泥炭土地基建设高速公路的先例。

项目团队依托斯里兰卡机场高速公路（CKE）项目，在3项国家自然科学基金和1项教育部基金资助下，进行了十余年科研攻关。遵循"理论研究-试验验证-工程实践-工后评价"的技术路线，针对泥炭土的物理特性和工程特性开展了系统研究，在工程实践中形成泥炭土地基处理勘察、设计、施工、检测成套技术，最终通过现场监测、勘查和试验，对泥炭土地基的处理效果进行工后评价分析，形成系列成果并推广应用。

一、研究的背景

（一）泥炭土的分布状况

泥炭土在全世界59个国家和地区广泛分布，总面积高达415万km^2。中国及"一带一路"沿线国家，泥炭土分布面积高达178万km^2，占全球泥炭土分布总量的43%。

（二）泥炭土具有的特性

泥炭土具有超高含水率，最高可达900%；泥炭土具有超高孔隙比，达到一般软土的8~10倍；泥炭土具有超高压缩性，达到一般软土的4~5倍。泥炭土工程特性极为特殊，对基础设施建设和运行极其不利，工程现场泥炭土样及工程沼泽地地貌如图7-1所示。

（三）缺乏对泥炭土的认知

由于对泥炭土工程特性、变形机理及地基处理技术缺乏认识，传统的地基处理方案是通过大面积换填或打桩托换（图7-2），投资大、工期长，不符合节能、环保和绿色发展理念。国内外尚无有效利用泥炭土地基建设高速公路的先例。

二、研究的思路及技术路线

项目团队遵循"理论研究-试验验证-工程实践-工后评价"的技术路线（图7-3），针对泥炭土的物理特性和工程特性开展了系统研究，在工程实践中形成泥炭土地基处

图7-1 工程现场泥炭土样及工程沼泽地地貌

图7-2 置换及桩基

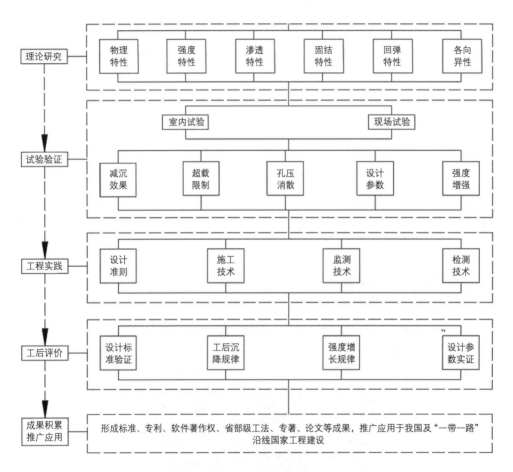

图7-3 技术路线图

理勘察、设计、施工、检测成套技术,最终通过现场监测、勘查和试验,对泥炭土地基的处理效果进行工后评价分析,形成系列成果并推广应用。

三、技术内容及创新点

（一）创建了压缩-剪切微观结构模型

项目团队基于大量的室内试验，揭示了泥炭土的变形规律，创建了压缩-剪切微观结构模型，阐释了泥炭土宏观特性的微观作用机理。

1. 基于国内外1000余组室内试验数据，分析研究了泥炭土的物理指标和变形特性（表7-1）。

泥炭土的物理指标和变形特性　　　　表7-1

指标		一般软土	泥炭土
物理特性指标	天然孔隙比 e	1.0~2.3	2.0~10.0
	天然含水率 ω	25%~50%	100%~900%
	液限 ω_L	28%~44%	50%~400%
	塑限 ω_P	17%~26%	30%~250%
	塑性指数 I_P	10.0~20.0	15~150
变形指标	压缩系数 α_{1-2}	0.2~3.5	1.0~15.0
	渗透系数 k		渗透性可达到一般软黏土的1000倍 渗透指数 $C_k=0.25e_0$
	固结系数 C_v		纤维质泥炭土固结系数达到一般软黏土的上千倍，高分解度泥炭土固结系数达到一般软黏土的上百倍
	次固结系数 C_α	$C_\alpha/C_c \approx 0.02 \pm 0.01$	$C_\alpha/C_c \approx 0.05~0.06$，天然泥炭土次固结沉降量占总沉降量的25%~35%
	回弹变形	淤泥类软土回弹率≈0.05，粉质黏土回弹率为0.003~0.005（完全卸荷）	回弹率为0.1~0.3（完全卸荷）

2. 发现了泥炭土在工程特性方面区别于其他软土的显著差异，为工程实践提供了可靠的理论依据。不同国家泥炭土 C_k-e_0 关系比较如图7-4所示，泥炭土与其他材料 e-k_v 关系比较如图7-5所示。

3. 基于电镜扫描试验，创建了泥炭土压缩-剪切微观结构模型（图7-6），阐释了泥炭土"易压缩-快排水-速固结"的微观作用机理（图7-7和图7-8）。

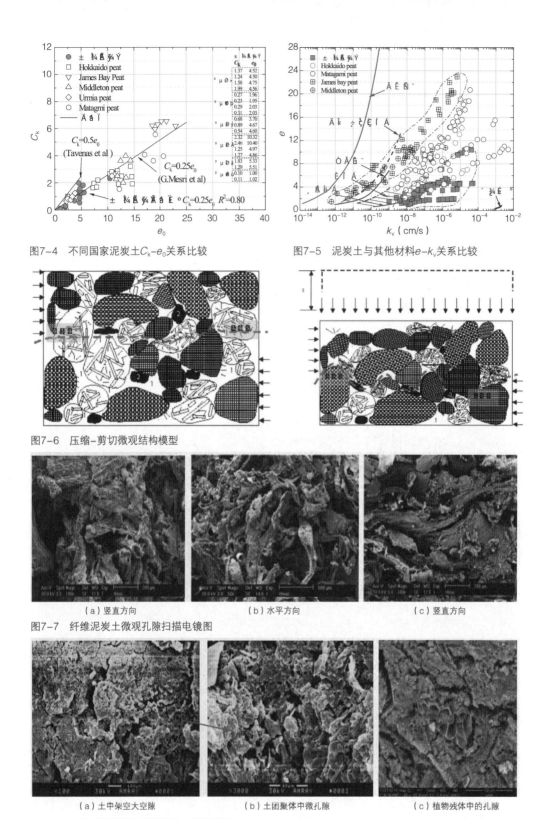

图7-4 不同国家泥炭土 C_k-e_0 关系比较

图7-5 泥炭土与其他材料 e-k_v 关系比较

图7-6 压缩-剪切微观结构模型

（a）竖直方向　　（b）水平方向　　（c）竖直方向

图7-7 纤维泥炭土微观孔隙扫描电镜图

（a）土中架空大空隙　　（b）土团聚体中微孔隙　　（c）植物残体中的孔隙

图7-8 高分辨度泥炭土微观结构电镜扫描图

4. 发现了泥炭土有机质含量及其组分特征，以及纤维泥炭土、高分解度泥炭土主要性质指标之间的量化关系，揭示了有机质对于泥炭土自身性质的本质影响，泥炭土主要性质指标相关性见图7-9，泥炭土有机质含量与物理指标关系见图7-10。国内外首次系统揭示了斯里兰卡和我国云南地区泥炭土主要性质指标之间的量化关系。

5. 找出了泥炭土压缩指数与其天然含水率的对比关系，建立了由泥炭土含水率推算其压缩性指标的经验公式。主要国家泥炭土压缩指数C_c与天然含水率ω_0关系对比详见图7-11，为泥炭土地基工程设计提供了理论依据。例如，C_c=0.0082ω（斯里兰卡泥炭土有机质含量与物理指标关系）；α_{1-2}=0.023ω－0.195（云南地区）。

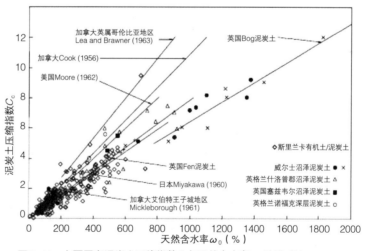

云南地区		斯里兰卡	
指标	量化关系	指标	量化关系
ω-e	e=0.017ω+0.666	ω-e	e=0.0169ω+0.7507
ω-γ	γ=-2.041n(ω)+22.39	ω-LL	ω=1.3656LL
ω-α_{1-2}	α_{1-2}=0.023ω-0.195	PI-LL	PI=0.6767LL-21.9605
γ-e	$e=129.9e^{-0.29\gamma}$	ρ_d-ω	$\rho_d=34.444\omega_0^{-0.849}$
γ-α_{1-2}	$\alpha_{1-2}=239.4e^{-0.34\gamma}$	C_c-e	C_c=0.3686e
γ-c	c=-1.382γ+33.13	C_c ω	C_c=0.0082ω
γ-ϕ	ϕ=-0.574γ+12.62	C_s-C_c	C_s=0.0987C_c
-	-	C_c-LL	C_c=0.0119(LL-8.23)

图7-9　泥炭土主要性质指标相关性

指标	高分解度泥炭土	纤维泥炭土
W_u-G_s	G_s=-0.009W_u+2.504	G_s=-0.011W_u+2.451
W_u-γ	γ=-2.101n(W_u)+19.57	γ=-4.031n(W_u)+26.29
W_u-e	e=0.071W_u+1.112	e=0.158W_u+4.012
W_u-ω	$\omega=69.25e^{0.021W_u}$	$\omega=234.0e^{0.017W_u}$
注：W_u为有机质含量。		

图7-10　泥炭土有机质含量与物理指标关系

图7-11　主要国家泥炭土压缩指数C_c与天然含水率ω_0关系对比

（二）提出并验证了泥炭土复合地基—超载预压综合处理方法

项目团队基于室内模型试验和工程现场试验，提出并验证了泥炭土复合地基-超载预压综合处理方法。

1. 首次提出了泥炭土复合地基—超载预压综合处理方法，系统验证了碎石桩、砂桩、塑料排水板联合超载预压，处理泥炭土地基的加固效果，发现了泥炭土地基的工程价值，提出了泥炭土地基处理设计原则和设计方法（表7-2）。

泥炭土地基处理设计原则和设计方法　　　　表7-2

序号	泥炭土厚度（m）	处理方式	设计方法	（换算）桩径（m）	桩间距桩长（m）	预压期（月）	工程部位
1	$0 \leq H<3$	起始层+超载预压	复合地基-超载预压	—	—	12	公路路基
2	$3 \leq H<6$	起始层+塑料排水板+超载预压	复合地基-超载预压	0.06～0.1	0.6～0.8H+1.0	12	公路路基
3	$6 \leq H<10$	起始层+砂桩+超载预压	复合地基-超载预压	0.5～0.7	1.5～2.0H+1.0	9	公路路基
4	$6 \leq H<10$	起始层+碎石桩+超载预压	复合地基-超载预压	0.5～0.7	1.5～2.0H+1.0	6	公路路基涵洞
5	$10 \leq H<20$	起始层+预制混凝土桩	刚性桩复合地基处理法	0.3～0.5	1.8～2.2H+1.0	0	桥台、通道与路堤过渡段
6	$H \geq 20$	起始层+钢筋混凝土桩	桩基础	—	—	0	全路段

2. 验证了泥炭土砂桩复合地基总沉降量与置换率负相关的关系，置换率越高，总沉降量越小，减沉量最高可达33%。

3. 在同级荷载作用下，砂桩等复合地基可有效提升泥炭土孔隙水压力的消散速率，最大可达36%，实现固结与增强的双重效果。荷载从12～18kPa阶段孔压变化如图7-12所示；荷载从18～24kPa阶段孔压变化如图7-13所示。

4. 验证了超载预压对于泥炭土地基次固结沉降、工后沉降的改善作用（表7-3），超载比越大，次固结改进效果越明显，最大可达85.58%，得出技术、经济最佳超载比为0.5。不同超载比相同作用的e-lg$t$曲线和不同超载比沉降变化曲线，分别如图7-14和图7-15所示。

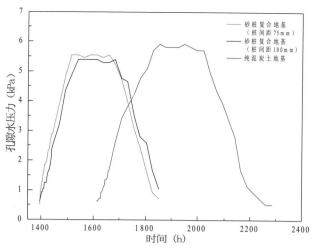

图7-12 荷载从12~18kPa阶段孔压变化

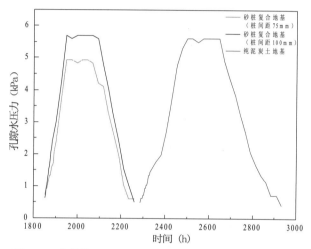

图7-13 荷载从18~24kPa阶段孔压变化

超载预压对于泥炭土地基次固结沉降、工后沉降的改善 表7-3

超载比 R_s	卸荷前 C_α	卸荷再压缩 C_α	C_α 变化率
0	0.2137	—	—
0.25	0.2094	0.169	19.29%
0.5	0.2021	0.0986	51.21%
0.75	0.2061	0.0769	62.69%
1	0.2136	0.0308	85.58%

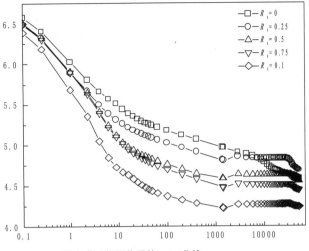

图7-14 不同超载比相同作用的$e-\lg t$曲线

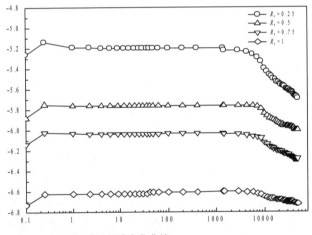

图7-15 不同超载比沉降变化曲线

5. 创造性提出了基于静力触探试验的泥炭土地基超固结比试验判定经验公式，为沉降计算、分析和修正提供了可靠依据。

基于静力触探试验的泥炭土地基超固结比试验判定经验公式：

$$\frac{S_u}{\sigma'_{v0}} = n \cdot OCR^m$$

式中 S_u——泥炭土不排水抗剪强度（kPa）；

   σ'_{v0}——有效附加应力（kPa）；

   n——系数；

   m——幂次；

OCR ——超固结比。

6. 基于现场试验成果,得到次固结系数与压缩指数的线性关系,解决了次固结沉降设计参数取值的难题。

次固结系数C_a与压缩指数C_c的关系:

$$C_a/C_c=0.05-0.06$$

7. 基于工程试验区破坏性试验,首次得到了泥炭土地基处理深度与加载速率、变形速率的限定关系(表7-4),解决了施工加载及变形控制难题,加载速率、监测现场场景如图7-16所示。

泥炭土地基处理深度与加载速率、变形速率的限定关系　　表7-4

序号	泥炭土处理深度 H(m)	加载预压设计高度 h(m)	加载速率 v(最大临界值)(m/d)	监测控制值 垂直沉降(mm/d)	监测控制值 水平位移(mm/d)
1	$H \geqslant 12$	泥炭土地基采用预制混凝土桩处理			
2	$6 \leqslant H < 12$	$h \geqslant 6$	$v < 0.5$	< 9.0	< 4.5
3	$0 \leqslant H < 6$	$0 < h < 6$	$v < 1.0$	< 12.5	< 7.5

图7-16　加载速率、监测现场场景

(三)泥炭土地基超载预压卸荷标准和质量检测方法

项目团队提出了泥炭土地基超载预压卸荷标准,发明了地基处理质量检测方法,形成了成套地基处理技术,解决了深厚泥炭土地基筑路难题。

1. 提出了依据泥炭土地基主固结沉降量,推算最终沉降量的经验修正系数m_s值为1.4~2.2(表7-5)。

经验修正系数　　　　　　　　表7-5

标准	软土地基			泥炭土地基
	公路软土地基路堤设计与施工技术细则	建筑地基处理技术规范	公路路基设计规范	本课题成果
m_s 值	1.1 ~ 1.4	1.1 ~ 1.4	1.1 ~ 1.7	1.4 ~ 2.2
经验公式	$m_s = 0.123\gamma^{0.7}(\theta H^{0.2} + vH) + Y$			

2. 确定了泥炭土地基超载预压卸荷标准（表7-6）：即连续2个月沉降值小于5mm/月。

超载预压卸荷标准　　　　　　表7-6

序号	工后沉降值（mm）	连续2个月沉降值 R	卸载标准
1	$\Delta\Sigma 2$ 年 < 154	$R \leq 5$ mm/月	是
2	$\Delta\Sigma 2$ 年 = 154	5 mm/月 < $R \leq 9$ mm/月	分析后判定
3	$\Delta\Sigma 2$ 年 > 154	$R > 9$ mm/月	否

3. 研发了泥炭土地基砂桩、碎石桩质量检测系列关键技术，利用重型动力触探锤击数，作为判定泥炭土复合地基密实度的控制标准（表7-7）。

判定泥炭土复合地基密实度的控制标准　　　　　　表7-7

贯入深度（m）	修正后锤击数 $N70'$（击）	判定标准
0 ~ 3	$N70' \geq 12$	合格
3 ~ 6	$N70' \geq 16$	
6 ~ 9	$N70' \geq 19$	
9 ~ 12	$N70' \geq 22$	
12 ~ 15	$N70' \geq 26$	

4. 发明了泥炭土地区起始层作业、先锋层填筑的施工方法（图7-17），解决了在沼泽、湿地上的施工作业难题。

5. 研发了适用于泥炭土地基的砂桩、碎石桩复合地基施工关键技术，如图7-18所示。

6. 形成了桥台过渡段"长短组合、刚柔相济"的泥炭土复合地基处理技术（图7-19和图7-20），保障了不同地基之间的差异沉降平顺过渡，解决了桥头跳车的技术难题，提升了交通安全性与行车舒适性。

图7-17 泥炭土地区"起始层作业、先锋层填筑"的施工方法

图7-18 砂桩（碎石桩）泥炭土复合地基处理技术

图7-19 桥台过渡段"长短组合、刚柔相济"泥炭土复合地基处理技术（一）

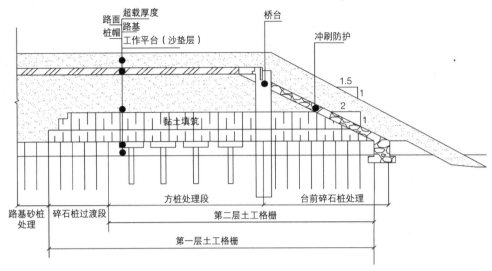

图7-20 桥台过渡段"长短组合、刚柔相济"泥炭土复合地基处理技术（二）

（四）泥炭土地基工后沉降控制效果，提出了沉降控制标准

项目团队通过对近十年沉降数据进行分析，验证了泥炭土地基工后沉降控制效果，提出了泥炭土路基工后沉降控制标准。

1. 通过对全线600余组实测数据分析得出：90%以上的路段工后沉降两年内小于20mm，七年内小于28mm。全线五种泥炭土地基处理方法工后沉降量统计见图7-21。

2. 总结得出四种地基处理方案，沉降控制效果依次为碎石桩复合地基联合超载预压、砂桩复合地基联合超载预压、塑排板联合超载预压、单纯超载预压，为设计和施工方案的比选提供了可靠依据。

3. 首次得出砂桩、碎石桩复合地基面积置换率、超载比、压缩比指标（表7-8）。

砂桩、碎石桩复合地基面积置换率、超载比、压缩比指标　　　表7-8

处理方法	置换率（%）	超载比	压缩比（%）
超载预压	—	0.35～0.5	50以上
砂桩复合地基联合超载预压	40～60	0.4～0.5	21～35
碎石桩复合地基联合超载预压	30～45	0.4～0.5	17～30

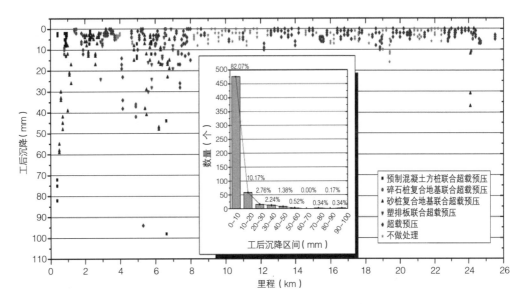

图7-21 全线五种泥炭土地基处理方法工后沉降量统计

4. 国内外首次得到多种不同处理方法对于泥炭土次固结变形的量化改进效果（表7-9），得到不同处理方法次固结经验系数取值范围为1.2%~6.6%，平均固结度β值取值范围为0.027~0.039，填补了国内外空白，为泥炭土地基处理设计方案比选及设计参数取值提供了可靠的理论依据。

不同泥炭土关键处理技术次固结沉降改进效果　　　　表7-9

处理方法	超载预压	砂桩复合地基联合超载预压	碎石桩复合地基联合超载预压
平均次固结系数C改进程度（%）	41.0	48.5	54.3

5. 基于近十年现场勘察、试验及监测数据，验证了工后沉降两年不超过154mm的设计标准的合理性。工程道路工后沉降曲线图见图7-22，解决了国内外泥炭土地基处理设计标准缺失的技术难题。

四、国内外同类技术对比

1. 仅见泥炭土物理特性的少量报道，无系统性研究。本项目课题组首次揭示了泥炭土工程特性，首次建立了微观结构模型。

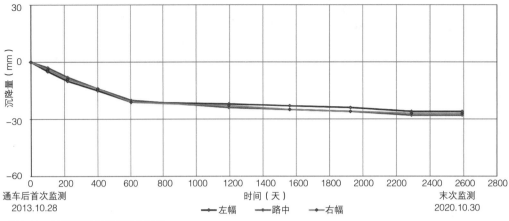

图7-22 工程道路工后沉降曲线图

2. 未见泥炭土地基处理利用的相关报道。本项目课题组首次提出了泥炭土地基处理利用方法并验证了处理效果。

3. 传统方案选择大面积换填或桥梁方案。本项目课题组研究综合利用，地基处理成本节约50%，工效提升35%。

4. 国内外无针对泥炭土地基的工后沉降控制标准。本项目课题组填补了泥炭土地基沉降控制标准的技术空白。

第二节　海砂填筑高速公路路基成套设计施工技术

海砂材料具有易压实、透水性好的优点，其具有较高的水稳定性、内摩擦角大，是可以作为路基填料的。海砂填筑高速公路路基成套设计施工技术，系统总结了高速公路海砂填筑路基技术的研究与应用，该技术采用海砂对泥炭土地基进行路基填筑的方法，结合泥炭土地基海砂填筑沉降控制方法，加强海砂路基挡土墙设计与施工，较好地控制海砂填筑路基质量，获得的经济效益显著。

一、研究的背景

斯里兰卡机场高速公路（CKE）项目填筑量约450万m^3，项目周边路基填筑土资源缺乏，而海砂资源丰富。全线有13.7km的泥炭土软土地基，该泥炭土具有孔隙比大、含水量大、压缩性高、有机质含量高、抗剪强度低等特点。在泥炭土软基上使用海砂作为路基填料，在国内外高速公路建设中尚属首次，项目的设计与施工是一次挑战。高速公路选用海砂作为填料之前有所报道，但是在泥炭土软基上选用海砂填筑路基尚属首次。泥炭土软土地基因其低强度和高压缩性而危害工程的实例比比皆是，因此对建造在泥炭土地基上的路基，开展设计和施工的研究显得更加必要。

二、研究的内容

在工程实例中，海砂在泥炭土地基上填筑路基工程的理论和技术尚不成熟，工程人员的经验和技术往往起着关键作用，试验数据的准确和地基处理是否合理，关系整个工程的质量、进度和投资成本。

本技术通过项目路基施工，研究海砂填料的特性与工程质量主要技术参数的关系、研究海砂路基沉降控制，为其他类似工程提供经验。

（一）高速公路路基海砂填料检验试验标准

1. 海砂材料尚无施工验收标准

海砂作为高速公路路基填料目前没有现行的施工技术规程及国家或行业规范，可查的只有《海砂混凝土应用技术规范》JGJ 206—2010，和海砂作为路基填料的要求不同。对于斯里兰卡机场高速公路（CKE）项目工程建设来说，由于当地政府提倡资源保护及就近开发利用原则，业主指定高速公路路基填料选用当地资源丰富的海砂。本项目采用EPC总承包管理模式，选用中国标准对项目进行设计、采购、施工验收。因此，海砂填料施工技术规程及检验、试验标准和方法是对承建者的挑战。

2. 通过工程实践提出海砂填筑施工标准

本项目课题组实施过程中开展了大量的技术准备工作，经过了大量的试验以及对试验数据的分析研究，参照中国标准及"风积砂"填筑路基的经验总结，开展课题立项研究，确定了海砂填料检验、试验标准。

（二）海砂填料物理检验、试验目标值

检测海砂填料物理力学性能，确定其是否满足高速公路路基填料技术规范的要求。检测项目主要包括：

颗粒分析：了解海砂填料自然状态下颗粒分布状况，确定其对压实度的影响。

最大干密度：评价海砂填料高速公路路基压实度，衡量施工质量指标。

标准击实：反映填料在标准击实贯入度下所具备的强度。

（三）建立海砂材料主要指标记录、报告

1. 海砂密度试验记录（表7-10）

海砂密度试验记录　　　　　　　表7-10

承包商	中国二十冶集团有限公司						试验编号	××	
试验规程	GB/T 14684-2001 JTG E42-2005（T0333/T0335/T0327）						试验日期	2009-11-4	
用途	路基填料		规格产地	主营区料场					
堆积密度 ρ_1	容量筒的容积（L）	容量筒的质量（kg）	容量筒和堆积密度砂总质量（kg）	堆积密度（kg/m³）				平均值（kg/m³）	
	1	362	1836	1474				1480	
	1	362	1838	1476					
表观密度 ρ_2	试样的烘干质量（g）	水＋瓶质量（g）	水＋砂＋瓶质量（g）	水温度（℃）	水密度（g/cm³）	表观密度（g/cm³）		平均值（g/cm³）	
	300	660.2	849.8	24	0.99733	2.71		2.71	
	300	653.6	843.2	24	0.99733	2.71			
空隙率	45.4								
贝壳含量（%）	试验次数	试样总量（g）	试样含泥量（%）	试样除去贝壳后的质量（g）				平均值（%）	
	1	500	1.3	480.1				2.7	
	2	500	1.4	479.9					
氯离子含量（%）	试验次数	试样质量（g）	滴定试验消耗溶液（mL）	空白滴定消耗溶液（mL）	硝酸银当量浓度（mol/L）	氯离子含量（%）		平均值（%）	
	1	500	4.0	3.7	0.01	0.0002		0.0003	
	2	500	4.1	3.7	0.01	0.0003			
结论：	依据《公路桥涵施工技术规范》JTJ 041—2000 要求判定，该砂符合规范要求								

2. 海砂填料技术性能试验报告（表7-11）

海砂填料技术性能试验报告　　表7-11

承包商	中国二十冶集团有限公司			试验编号			××
试验规程	GB/T14684-2001 JTG E42-2005（T0333/T0335/T0327）						
试样规格	随机			报告日期			2009-11-5
试样用途	海砂填料			试样产地			主营区料场
取样日期	2009-11-05			试验日期			2009-11-03

序号	试验项目	规范值	试验结果	累积筛余曲线
1	含泥量（%）	≤ 3.0	1.6	
2	泥块含量（%）	≤ 1.0	0.0	
3	堆积密度（kg/m^3）	> 1350	1480	
4	表观密度（g/cm^3）	> 2.500	2.71	
5	空隙率（%）	< 47	45.4	
6	贝壳含量（%）	≤ 3.0	2.7	
7	氯离子含量（%）	≤ 0.02	0.0003	
8	细度模数	—	2.48	

		累积筛余（%）							备注
9	颗粒级配	筛孔尺寸（mm）	9.5	4.75	2.36	1.18	0.6	0.3	0.15	< 0.075	
		实测值	0	0.4	7.8	18.4	41.8	85	96.2	99.5	
		规范值	0	10	25	50	70	92	100		
			0	0	0	10	41	70	90		

结论：依据《公路桥涵施工技术规范》JTJ 041—2000 要求判定，该砂符合规范要求

（四）海砂氯离子含量检试验试剂配制方法和操作过程

1. 试剂配制：5%的（W/V）铬酸钾指示剂标准溶液，0.01mol/L的氯化钠标准溶液，0.01mol/L的硝酸银标准溶液。

2. 准备试样：取经缩分后样品（海砂）2kg，在温度105±5℃的烘箱中烘干至恒重，经冷却至室温备用。

3. 试验步骤：称取试样（海砂）250g(m)，装入带塞磨口瓶中，用容量瓶取250mL蒸馏水，注入磨口瓶内，加上塞子，摇动一次，放置2h，然后每隔5min摇动一次，共摇动三次，使氯盐充分溶解。将磨口瓶上部已澄清的溶液过滤，然后用移液管吸取50mL滤液，注入三角瓶中，再加入浓度为5%的（W/V）铬酸钾指示剂1mL，用0.01mol/L的硝酸银标准溶液滴定至呈砖红色为终点，记录消耗的硝酸银标准溶液的毫升数（V_1）。

4. 空白试验：用吸液管吸取50mL蒸馏水导入三角瓶内，加入5%的（W/V）铬酸钾指示剂1mL，并用0.01mol/L的硝酸银标准溶液滴定至呈砖红色为终点，记录消耗的硝酸银标准溶液的毫升数（V_2）。

5. 计算：$C_{AgNO_3} \times (V_1 - V_2) \times 0.0355 \times 10 / m \times 100\%$。

式中　C_{AgNO_3}——硝酸银标准溶液浓度；

　　　V_1——样品滴定时消耗的硝酸银标准溶液体积；

　　　V_2——空白试验滴定时消耗的硝酸银标准溶液体积；

　　　m——试样质量（g）。

（五）海砂填料高速公路路基试验段检试验数据及结论

1. 天然含水率：大量试验结论表明含泥量及颗粒细度决定海砂天然含水率划分为三区段，即5%~8%、8%~10%、10%以上。海砂天然含水率与压实有关，与高速公路路基压实方式有关，与工程质量有关。

2. 颗粒分析：对海砂取样筛分，细度模数在1.20~2.3之间均为细砂，细度模数大于2.3属于中砂。海砂的不均匀系数$C_U = d_{60}/d_{10}$。其值$C_U \leq 5$和$C_U \geq 10$，反映海砂级配不良和不连续级配。海砂曲率系数$C_C = d_{30}^2/(d_{60} \times d_{10})$，曲率系数曲线陡峭，反映海砂较粗的粒间空隙没有被较细颗粒填充。由于天然海砂自然堆积，经过海水潮汐运动作用，海砂颗粒按照质量大小分层分布堆积。海砂作为填料，天然体积密实度值呈离散性，施工阶段应采取相应的施工工艺和压实方法控制并解决海砂填料路基沉降和稳定。

图7-23 海砂配制试验

3. 最大干密度：采用重型击实法、砂的相对密度法、干振法等多种方法，分别进行试验，取得如下数据：海砂试验的击实曲线与黏土的击实曲线不同。前者不是驼峰形曲线，是一种不规则曲线，含水率为零的干密度，接近或本身就是最大干密度。取得重型击实的干密度在1.78～1.88g/cm³。干震法的干密度在1.50～1.7g/cm³。

4. CBR值（加州承载比）：试样含水率分为0～8%、8%～12%、12%～16%三个区间的条件下，对一种海砂配制不同的含水率进行试验（图7-23）。通过试验，随着含水率递增，承载比增大，经过浸水饱和后海砂试样所得出CBR值为28.9%（平均值）。试验显示，含水率是影响海砂填料路基承载能力的主要因素。

（六）海砂填料应用于高速公路路基填筑其质量控制的研究

海砂填料应用于高速公路路基工程，既没有施工经验可循，又没有类似工程设计、施工方面的实践应用总结以及成熟的技术和质量控制方法。因此，开展本项目课题研究，提炼有指导意义的创新技术，必须做好试验阶段的应用研究。

1. 海砂填料最大干密度对施工工艺的影响关系

海砂填料最大干密度指标值是评价高速公路路基压实度的依据，是试验中重要的一个指标，确保真实反映路基压实的效果。假定试验值不精确、不是实际代表值，就会产生路基压实度测试、评价中出现错误结论。在含水率一定的情况下：如果干密度偏小，海砂填筑施工经过较少的碾压遍数，即可达到压实度要求，而如果压实度不足，将会影响路基的强度和稳定性，给工程埋下严重的质量隐患；如果干密度偏大，海砂填筑施工将需较多的碾压遍数才能达到压实度要求，虽对工程质量不无益处，但无疑造成了机械设备的浪费和工期的延长，得不偿失。获取最大干密度试验方法对比见表7-12。

最大干密度试验方法对比　　　　　表7-12

序号	试验方法	试验值结果与实际值判定	条件说明
1	干振法	最大干密度偏小	试验条件严格
2	重型击实法	最大干密度偏大	条件影响因素多
3	标准击实（相对密度法）	最大干密度相同	适合现场操作

试验结论为海砂特殊填料用于高速公路路基工程，工程质量保证的前提是明确检验手段和方法。所以，结论就是以标准击实为主，相对密度为参考确定海砂的最大干密度，作为评估路基压实度的计算依据。

2. 海砂填料的粒径对压实效果的影响

海砂试验一个重要指标是细度模数。试验结果表明，细度模数大于或等于2.3的海砂填料，采用"水撼法"施工工艺处理，压路机设备碾压后，检测密实度时容易达到要求。因为中粗砂填料经过冲水、压实后容易嵌挤密实。细度模数小于或等于2.3海砂填料，采用"水撼法"施工工艺处理，压路机设备碾压后，检测密实度时不易达到要求。细度模数小砂料，同时存在曲率系数变化斜率比大，说明颗粒间空隙没有被填充，压实度检测很难达到要求。细海砂不能作为高速公路路基的填料。细度模数越大强度值越大，*CBR*值越大，CKE项目海砂*CBR*值一般在8%~15%。

3. 海砂填料的含水量对压实效果的影响

海砂填料在含水量最佳状态下被振动压实的机理，是通过振动压路机的往复作用，颗粒在振动冲击作用下，由初始的静止状态过渡到运动状态，被压材料之间的摩擦力也由初始的静摩擦状态过渡到动摩擦状态。同时，由于海砂填料中水分的润湿作用，使材料颗粒的外层包围一层水膜，形成了颗粒之间的润滑剂，为颗粒的运动提供了十分有利的条件。在振动力的作用下，颗粒间的相对位置发生变化，产生相互填充的现象，被压海砂填料的空气含量也在振动过程中减少了，被压海砂填料压实度增加。海砂填料是憎水性材料，不同于黏性土填料，现行规范对路基填料含水率的控制范围规定为"严格控制在最佳含水率±2%以内"，不适用于海砂填料。试验数据表明，海砂在饱和含水量状态下，含水振动压实效果最好、经济效益最佳。海砂材料试验自身特性表明其塑性指数低、黏性小、颗粒比较均匀、持水能力差。作为路基填料压实时，含水量比较难控制，表层易失水松散，干燥砂土静压时易形成薄层气体屏蔽。如果机械配套及施工技术不当，路基压实度很难满足要求。施工中海砂填料含水量的控制必然成为工程质量控制的关键环节。

4. 海砂填料的含泥量对压实效果的影响

海砂填料试验段结果表明，当海砂填料中含泥量超过10%时（即细粒土、粉砂、海泥），无论采用何种施工工艺进行洒水碾压，海砂表层都形成板块，设备振动不能将填筑层压实，易产生工程质量隐患。在施工中必须控制海砂填料的含泥量，不符合要求的材料不得用于路基填筑。

5. 海砂填料饱和水（洒水）施工与密实度关系

海砂高速公路路基填料的击实曲线走向趋势一般均为抛物线形。海砂填料击实曲线如图7-24所示。由于填料密实度对含水率敏感性不同，故抛物线击实曲线体现特征也不同。填料密实度对含水率变化敏感时，击实曲线窄而陡，不敏感时，曲线宽而平缓。

海砂的标准击实曲线，大于最佳含水率所对应的干密度曲线呈平缓递减状态，和土样的击实曲线有明显的区别。通过多组海砂的标准击实试验，本项目海砂填料最大干密度在1.82~1.86g/cm³，最佳含水率在11%~16%。毫无疑问，一般情况下，填料含水率越接近ω_0，越易碾压密实。不同填料的密实度对含水率的敏感性是不同的，同一填料含水率大于或小于ω_0时，密实度对含水率的敏感性也不尽相同。

试验结论为海砂填料因密实度对含水率不敏感，在干燥状态或最佳含水率情况下碾压，其密实度反而较难达到设计要求，而采用洒水（水撼）+振压施工工艺法，是保证工程质量最经济有效的一种方法。因此，我们定义该方法为海砂填筑复合"洒水+振压"法。

含水率（%）	7.8	9.9	11.8	14.4	16.6		$\omega_{optimun}=$	11.6	%
干密度（g/cm³）	1.777	1.815	1.829	1.801	1.766		$\rho_{max}=$	1.830	g/cm³

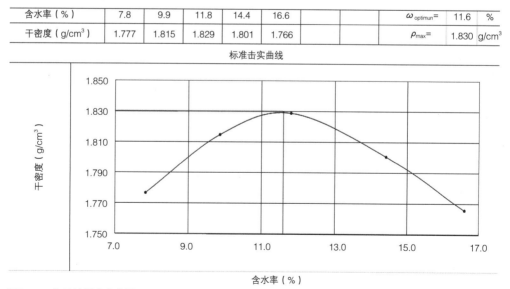

图7-24 海砂填料击实曲线

6. 海砂填料复合"洒水+振压"法的施工工艺

对于一般路基通常采用压路机进行碾压即可达到预期效果，但海砂是一种散状材料，其突出特点是凝聚性极差，过分碾压容易产生液化，影响碾压效果。施工步骤及做法为推土机推平海砂填料，进行洒水密实，海砂填料达到饱和水状态，胶轮压路机静压一遍、振压两遍，光轮压路机静压一至两遍作为表面收光。碾压由弱振到强振，由两边到中间，纵向进退进行，碾压速度控制在2km/h。检测压实度是否满足要求，如果满足，进行下一层填筑工序施工。本方法适应于水资源丰富的地区。

7. 海砂填料细度模数与最大干密度和最佳含水率的一元线性回归方程

海砂填料细度模数与最大干密度、最佳含水率的一元线性回归方程如图7-25和图7-26所示，细度模数与最大干密度和最佳含水率对照见表7-13。

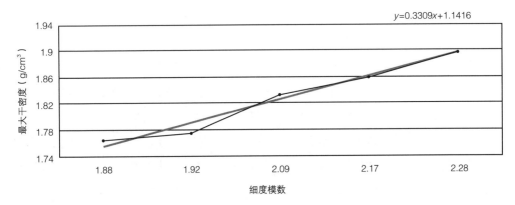

图7-25　细度模数与最大干密度线性回归方程

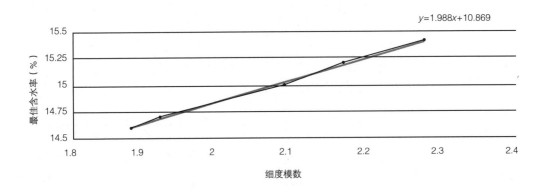

图7-26　细度模数与最佳含水率线性回归方程

细度模数与最大干密度和最佳含水率对照表   表7-13

砂细度模数	最大干密度(g/cm³)	最佳含水率(%)	砂细度模数	最大干密度(g/cm³)	最佳含水率(%)	砂细度模数	最大干密度(g/cm³)	最佳含水率(%)
1.92	1.777	14.7	2.16	1.856	15.2	2.40	1.936	15.6
1.93	1.78	14.7	2.17	1.86	15.2	2.41	1.939	15.7
1.94	1.784	14.7	2.18	1.863	15.2	2.42	1.942	15.7
1.95	1.787	14.7	2.19	1.866	15.2	2.43	1.946	15.7
1.96	1.79	14.8	2.2	1.87	15.2	2.44	1.949	15.7
1.97	1.793	14.8	2.21	1.873	15.3	2.45	1.952	15.7
1.98	1.797	14.8	2.22	1.876	15.3	2.46	1.956	15.8
1.99	1.8	14.8	2.23	1.88	15.3	2.47	1.959	15.8
2.00	1.803	14.8	2.24	1.883	15.3	2.48	1.962	15.8
2.01	1.807	14.9	2.25	1.886	15.3	2.49	1.966	15.8
2.02	1.81	14.9	2.26	1.889	15.4	2.50	1.969	15.8
2.03	1.813	14.9	2.27	1.893	15.4	2.51	1.972	15.9
2.04	1.817	14.9	2.28	1.896	15.4	2.52	1.975	15.9
2.05	1.82	14.9	2.29	1.899	15.4	2.53	1.979	15.9
2.06	1.823	15.0	2.3	1.903	15.4	2.54	1.982	15.9
2.07	1.827	15.0	2.31	1.906	15.5	2.55	1.985	15.9
2.08	1.83	15.0	2.32	1.909	15.5	2.56	1.989	16.0
2.09	1.833	15.0	2.33	1.913	15.5	2.57	1.992	16.0
2.10	1.836	15.0	2.34	1.916	15.5	2.58	1.995	16.0
2.11	1.84	15.1	2.35	1.919	15.5	2.59	1.999	16.0
2.12	1.843	15.1	2.36	1.923	15.6	2.60	2.002	16.0
2.13	1.846	15.1	2.37	1.926	15.6	2.61	2.005	16.1
2.14	1.85	15.1	2.38	1.929	15.6	2.62	2.009	16.1
2.15	1.853	15.1	2.39	1.932	15.6	2.63	2.012	16.1
$Y=$	0.3309	$X+1.1416$	$Y=$最大干密度			$X=$细度模数		

8. 海砂填料高速公路路基每层松铺厚度影响压实质量的研究

通过试验数据证明，海砂每层填筑的松铺厚度不宜超过40cm。为此松铺厚度时，洒水、碾压施工经济合理、质量控制稳定。（灌砂法）检测底层压实度，达到高速公路路床96%压实度的标准。海砂填筑路基复合"洒水+振压"法、每层松铺厚度40cm施工，加快了施工进度，减少了机械费用。

（七）高速公路软土地基基底海砂填筑处理技术

为了能实现软基处理设备进入作业场所，软土地基段落路基填筑前要经过特殊处理。软基处理原则上从桥头、涵洞、通道位置先行施工，路基清淤与清表施工也要从这些位置开始，路基清淤、清表后，对路床进行碾压，碾压后使路床满足设计要求，然后才可进行其上的软基处理施工和路基海砂填筑施工。

1. 填筑高度确定

按照图纸确定此回填高度H，H值为从软基底至设计地面线的总回填厚度。工作平台顶面高程控制在水位面或原地面50cm以上，工作平台以下不进行压实度检测，根据回填后工作平台实际的沉降情况对工作平台进行必要的补填（图7-27）。

2. 机械配备

每个路基清表的工作面配备一台履带式推土机、一台挖掘机、一台装载机、一台压路机、五台以上的自卸汽车。

3. 人员配备

每个工作面配备1名现场工程师，1名领工员，8~10名其他现场工人。

4. 填筑施工方法

采用海砂填筑施工，填筑采用推土机辅助进行，自卸料点由推土机从一侧向另一侧逐步推进。为避免自卸汽车陷入沼泽地，在沼泽地段施工前，在基底加铺一层土工

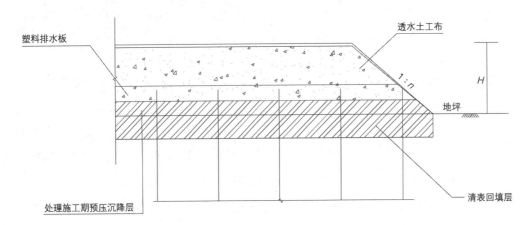

图7-27 工作平台的补填

布，以提高地基承载力，满足下道工序施工时设备的地基承载力要求。海砂填筑施工如图7-28所示。

当沼泽地内所有设备均无法进入时，现场的清表或软基基底处理工作将无法进行，需按以下方法进行施工：设备从一侧进入作业面向前推进，每个作业段长度为3～4m，以反铲挖掘机臂为适宜工作范围，按清表—清除大树木及树根—铺设土工布—回填海砂的顺序施工，循环推进。在灌木丛的沼泽地内无法完成清表或软基处理前的基底处理工作时，可不清除杂草等小型植物，直接将其随回填海砂压入路基内，采用逐步回填海砂挤淤泥的方法进行软基基底处理。

图7-28 海砂填筑施工

5. 临时排水

为保证路基能经常处于干燥、坚固和稳定状态，施工过程中影响路基稳定的地面水应予以拦截，并排出路基施工范围之外，防止漫流、聚积和下渗。路基施工期间，临时排水系统与永久排水设施综合考虑，尽量利用临时排水设施，减少永久排水设施日后的工作量。

（八）高速公路海砂填筑路基压实施工技术

本项目首次把海砂作为高等级公路的路基填筑材料，工程质量控制是施工的关键技术。

海砂填筑高速公路路基施工并无施工技术规范、规程，CKE项目首次提出了海砂路基的压实技术。海砂作为高速公路路基填筑材料，利用海砂材料本身的特性，既总结了海砂材料施工技术，又申请了发明专利《采用海砂对泥炭土地基进行路基填筑的方法》，指导类似工程建设。

1. 海砂填料区别于黏土材料的特性

试验段对比分析得知，黏性土应在一定含水率的条件下对路基进行碾压，含水率过高或过低将会影响碾压后的效果，海砂材料在干燥的情况下很难压实。必须洒水后再碾压才可以达到要求的压实度。

2. 海砂填料本身特性优势直接影响工期

海砂填筑路基施工不分旱季、雨季都可以施工。斯里兰卡机场高速公路（CKE）项目正是最大限度地利用了当地丰富的海砂资源，减少了对环境的破坏和农田耕地的占用，加快了工程的施工进度，取得了显著的经济效益和社会效益。

3. 海砂路基施工工艺

整平场地、施工测量放样——对填筑范围清表后，进行路线放线（每边超宽50cm），控制高程。

海砂卸料——首先用白灰撒出填料堆放方格网17.5m（半幅宽度）×4.3m（长度），按照每个方格网卸料3车，由一端向另一端顺序上料。卸料完成后，用装载机先将填料粗平，随后用推土机精平。用水准仪分别测定距两边桩1m、10m处和中桩的高程作为确定松铺厚度的控制高程h_2，h_1为填筑层底面高程，$\Delta h=(h_2-h_1)$即为松铺厚度。从填筑段一侧向另一侧依次卸料，填料应卸载至路基断面中心附近，用推土机及时推平卸料。

粗平、精平——采用履带式推土机粗平，松铺厚度按40±5cm进行控制，再用平地机精平。

洒水——浇水前用海砂围成5m×5m的方格网，以保证浇水的均匀性、饱和性。用两台抽水泵（流量290m³/h）抽水，直到饱和为止。待目测洒水时上层砂表面为瞬间不渗透，水存在于表面的状态视为饱和状态。出现饱和的现象说明洒水刚刚好，开始人为沿纵向向前推进，洒水时间根据海砂路基出现饱和状态确定。水进入砂子挤出了多余的空气，再通过压路机的自重和振动压实挤走砂子中的水分使得路基密实，达到路基要求的压实度。

静置——路基在洒水饱和后需要静置半小时。静置的原理是海砂路基的含水率如果过大，会在碾压时造成推料的现象，所以需要在洒水之后静置一段时间，使得上部的水下渗一部分到下部（下渗就要保证填料必须是一种材料，如果存在夹层土路基则阻止了水的下渗），同时不可以静置过久。现场测量人员用水准仪对距两边桩1m、10m处和中间点的高程测定，高程记为h_3，由公式$K=(h_2-h_1)/(h_3-h_1)$得出松铺系数$K_2=1.07$。第三次碾压（低频振动碾压），在第二次碾压完13个小时后（隔夜），用胶轮压路机对填料振压（低频振动）一遍，现场试验人员用灌砂法检测压实度和用烘干法检测含水率。现场测量人员再次用水准仪对距两边桩1m、10m处和中间点的高程测定，高程记为h_3，由公式$K=(h_2-h_1)/(h_3-h_1)$得出松铺系数$K_3=1.091$。第四遍碾压，在第三碾压完后30分钟，用光轮压路机静压一遍（不带振动）作为表面收光，现场试验人员用灌砂法检测压实度和用烘干法检测含水率。现场测量人员用水准仪对距两边桩1m、10m处和中间点的高程测定，高程记为h_3，由公式$K=(h_2-h_1)/(h_3-h_1)$得出松铺系数$K_4=1.1$。

（九）高速公路海砂填筑施工质量控制技术

1. 施工前技术准备

海砂填料试验分析。取样，进行标准击实试验和承载比（CBR）试验，获取海砂的最佳含水率、最大干密度、承载比等参数。

标准击实试验：根据标准击实试验得出标准压实曲线，如图7-29所示，可获得该海砂的最佳含水率为15.2%，最大干密度为1.860g/cm³。

承载比（CBR）试验：根据承载比试验，绘制出干密度与CBR关系曲线，如图7-30所示，并得出不同压实度分别对应的CBR值（表7-14）。

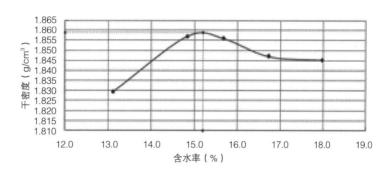

图7-29 标准压实曲线图

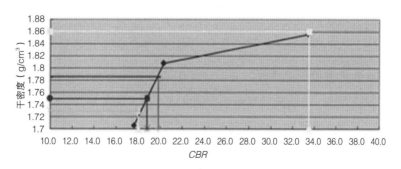

图7-30 干密度与CBR关系曲线图

海砂压实度与对应 CBR 值之间关系　　　　　表7-14

压实度（%）	干密度（g/cm³）	检测的 CBR 值	规范要求的 CBR 值
压实度 93%	1.73	18.0	≥ 3%
压实度 94%	1.75	18.8	≥ 4%
压实度 96%	1.786	19.8	下路床 ≥ 5%
			上路床 ≥ 8%

海砂含水率大于15%、最大干密度为1.860g/cm³时，在路基分层填筑压实度符合规范要求的情况下，承载比符合要求。

2. 海砂填筑进行试验段施工

确定海砂填筑所需的机械设备组合方式、碾压遍数、压实方式、最佳松铺厚度，以及劳动力组织、生产效率等参数。选定海砂填筑试验段，长度为120m，松铺厚度为40cm。现场记录洒水饱和后各时间点的填料含水率，分析出海砂路基填料的特性，即海砂保水性能很差，水分的流失速度非常快，填料含水率随着时间的增长而迅速下降。对不同碾压遍数与压实方式组合的现场压实度检测结果分析，海砂在浇水饱和的情况下，胶轮压路机静压一遍、振压两遍，光轮压路机静压一至两遍作为表面收光，此方法进行灌砂法检测时压实度最大。

3. 海砂路基试验段填筑结论

从现场实际情况反映，海砂填料是一种特殊的路基填料，海砂的自身保水性很差，也就是泄水速度非常快，但吸水量很大，在浇水饱和的状态下，最容易达到密实。在路基铺筑中均匀饱和地浇水是保证压实度满足要求的前提条件。因此，对松铺厚度控制在40cm左右的海砂路基，在浇水饱和的情况下，胶轮压路机静压一遍、振压两遍，光轮压路机静压一至两遍进行表面收光，能满足路基各层压实度达到90%、93%、94%、96%的规范要求。

（十）施工过程控制

为保证海砂路基的压实质量，施工过程中每个工作面必须配备洒水车或水泵浇水，同时通过打方格、拉线来控制海砂松铺厚度。施工段落处留好台阶，每级台阶宽度不小于2m，高度不大于1m。每层路基都必须在业主代表的见证下检测压实度，合格后才能进行下一层路基填筑，同时安排专职的质量检查员进行现场检查，保证项目海砂路基填筑质量。

1. 责任

路基填筑每个施工区域按最大长度不超过200m进行控制,实际施工区域可能划分为几个施工段,每个施工段的长度不小于50m,根据人力、机械、气候状况等确定。QAM质量工程师负责见证、检查和批准工程施工质量。工程经理负责组织进入及全过程的施工管理工作。施工队队长负责完成全部方法陈述规定的作业内容。总工程师负责对方法陈述进行审核和批准。现场工程师负责编制本处施工方法陈述和对现场作业进行技术指导,填写现场施工记录。测量人员负责完成现场的施工放样,提交测量结果给现场质量检查员,并交桩给现场施工队队长。试验人员负责现场压实度检测,并提供每层的压实度检测报告给质量检查员。质量检查员负责对每层的施工质量进行检查。

2. 海砂填筑工艺

基底处理——路基范围内含有大量沼泽区域,沼泽区域的基底处理采用抛砂挤淤的方法。除草丛外,树木、灌木丛等用反铲式挖掘机清除至路基范围以外。清除完毕后,横向全断面铺设透水土工布,必须铺紧、拉挺,不得有褶皱、扭曲、坑凹。连接方式为搭接,搭接长度为50cm。然后采用挖掘机及推土机抛砂向前行进,抛砂高度为水位以上50cm。软基区域需处理完软基部分再进行填前碾压,验收合格后方可进行路基填筑。

施工放样——测量点布置。根据路线测量控制导线点和水准点,放出路线的中线桩及边线桩。为了保证路基边缘的压实效果,每边超宽填筑50cm。测设每20m中、边线桩高程,以边线桩作为控制桩,并在木桩上用红布标记虚铺高度,以此控制虚铺高度。由于对沉降的控制要求很高,沉降板的安装量很大,依据经济性及防盗要求,沉降板采用塑料管制作。埋设在原地面或排水砂垫层的顶面,用小型平板振动机碾平沉降板四周。沉降杆杆长和外套管应随填土升高而逐段接长。

海砂填料现场堆放卸料——由现场测量人员向现场施工人员提供里程桩号及测量资料,由现场施工人员依据测量资料计算所需填料数量并指挥卸车,含有草皮、生活垃圾、树根、腐殖质及其他不适宜填筑路基的海砂不允许作为路基填料。

海砂每层粗平及精平——卸料完毕后,用推土机进行粗平,按标记的木桩红布上下5cm控制虚铺厚度。再用平地机精平,刮平质量直接影响了压实后平整度的质量,需要用平地机至少刮平两遍,重叠部分不少于刮平板的1/3,以表面无明显凹凸、坑洼状为宜。地基压实平整如图7-31所示。

洒水密实——根据试验段可知,压实度的大小跟含水率的大小有很大的关系。为了防止洒水流失,需要在路基路肩处用海砂垒起高度不小于15cm的拦水带。从路基附近的水源引水至路基周围,再用水泵进行抽水。路基按中心线分为左右两幅,两幅浇水顺序相同并同时进行,浇水方向沿纵向以振荡幅宽从中心向路基两侧浇水。浇水达到

图7-31 地基压实平整图

饱和量的判断标准是直到目测路肩处的砂表面已有明显存水,然后将浇水管移至下一个顺序区域。一般浇水过程耗费的时间最长,在路基填筑到标高2m以上,每100m需要4台6寸的水泵持续浇水8小时以上才能达到饱和状态,海砂饱和洒水如图7-32所示。浇水时为了防止海砂被冲刷出坑洼,可以在洒水区域铺垫土工布。

图7-32 海砂饱和洒水图

静、振碾压——在海砂的浇水目测达到饱和,并且碾压过程中表层砂不会出现液化、松散时,开始进行碾压。在碾压的过程中,还需要跟着压路机随时补水,压路机的碾压方向与浇水方向一致。根据试验段碾压工艺,最后要胶轮压路机静压一遍,再用光轮压路机静压一遍作为表面收光,即可达到最高的压实度。碾压时,为了保证碾压效果,压路机往返轮迹重叠不得小于1/3钢轮宽。静、振碾压如图7-33所示。

海砂路基压实度检测——采用灌砂法进行压实度检测。对所报验段落及时进行检测,以免表面松散造成压实度检测不准确。表面积水或底部有明显水的海砂路基不能检测,此时的压实度一般不会满足要求。检测时所取试样要装入塑料袋内,扎紧密封以防水分流失。采用标准烘干法进行含水率测试,为了加快工程进度,还可以采用微波炉法、酒精燃烧法等。

图7-33 静、振碾压图

(十一)路基填筑工程质量验收

海砂归类为砂类土。根据《公路土工试验规程》JTG E40-2007规定,用灌砂法进行压实度的检测。取土样的底面位置为每一压实层底部。每一压实层都必须进行压实度检测,检验频率为每1000m²至少检验2点,不足1000m²时检验2点,必要时可根据需要增加检验点,现场压实度检测见图7-34。压实度符合表7-15、表7-16的规定。

压实度标准　　　　　　　　　　　　　　　表7-15

填挖类型		路床顶面以下深度(m)	压实度(%)
填方路基	上路床	0.0 ~ 0.30	≥ 96
	下路床	0.30 ~ 0.80	≥ 96
	上路堤	0.80 ~ 1.50	≥ 94
	下路堤	≥ 1.50	≥ 93
零填及挖方路基		0.0 ~ 0.30	≥ 96
		0.30 ~ 0.80	≥ 96

其他检测项目应符合以下标准　　　　　　　　表7-16

项次	检查项目	规定值或允许偏差	检查方法和频率
1	压实度	符合规定	试验报告
2	中线偏位(mm)	50	每200m测4个点
3	平整度(mm)	15	3m直尺:每200m测两处×10尺
4	宽度	不小于设计值 +0.50m×2	每200米测4处
5	横坡(%)	±0.3	每200m测4个断面

图7-34　压实度检测

（十二）综合成果

1. 提出了海砂材料填筑路基的方法

斯里兰卡机场高速公路（CKE）项目是斯里兰卡第一条采用海砂作为路基填料的高速公路，在国际上也不多见。海砂路基无论从设计角度还是施工角度来说，都是一个大胆的尝试，特别是从施工角度来说，由于其填料的特殊性，施工方案的选择、施工工艺的确定、机械设备的组合以及试验检测的方法等都是值得研究的技术课题。

2. 系统地提出了海砂填料工程特性

海砂路基压实度计算依据，以标准击实试验为主，相对密度为参考确定海砂的最大干密度，作为评估路基压实度的计算依据。细度模数越大，强度值越大，CBR值越大。斯里兰卡机场高速公路（CKE）项目海砂CBR值一般在8%～15%之间。海砂在饱和含水率状态下，含水振动经济效益最佳。海砂的标准击实曲线和土样的标准击实曲线有明显的区别，大于最佳含水率所对应的海砂干密度曲线呈平缓递减状态。海砂填料因密实度对含水率不敏感，在干燥状态或最佳含水率情况下碾压，其密实度反而较难达到设计要求。而采用洒水（水撼）+振压施工工艺法，是海砂填料保证工程质量有效的一种方法。

3. 明确了海砂填筑施工质量控制点

通过一系列的海砂试验得出结论，海砂填筑施工含水率应大于最佳含水率，在饱和水的前提下碾压是现场施工质量控制的主要控制点。海砂路基施工时，洒水后，精平和碾压不得延误时间，在饱和水的作用下按振、静的先后顺序碾压结合，达到压实效果。

图7-35 复合"洒水+振压"法施工现场图

图7-36 复合"洒水+振压"法施工成果图

4. 系统地提出了海砂填筑高速公路路基的施工方法

采用复合"洒水+振压"法施工高速公路填筑路基工程没有施工先例。复合"洒水+振压"法施工现场图见图7-35,尤其在泥炭土地基上采用海砂填筑路基,没有可参考的工程实例。CKE项目路基填筑施工借鉴了国内江砂、风积砂的施工方法,在此基础上通过大量的试验及试验段施工工艺渐进式的改进,摸索出了海砂填筑高速公路路基的施工方法。海砂拥有良好级配,天然密度相对重,颗粒间空隙小,不易流动,上料、摊铺比较容易。岛屿和沿海地域的海砂资源丰富,克服了公共设施建设与环境破坏的交叉矛盾,创新总结了海砂填筑施工工艺和工程质量控制方法。

5. 海砂材料推广应用

海砂材料特性是水稳定性好、透水性强、沉陷快、饱水易压实,是一种较好的填筑路基材料,利用海砂填筑路基就地取材、降低造价。采用新的施工方法应用于海砂路基填筑工程,有利于技术创新、科学攻关、节省工程造价、开发有效资源、创新科技成果,复合"洒水+振压"法施工成果图见图7-36。

三、与国内外同类技术比较

(一) 吹砂填海路基

在我国东南沿海地区,采用吹砂填海路基进行公路、海港等工程施工,其方法是事先将海砂抽吸于码头内侧(即谓吹砂)海边的滩地上,大致形成路堤。吹砂时没有路基施工规范规定的分层填筑、分层压实的要求。故填砂路堤承载力不能满足路基的要求,而返工再分层填筑、分层压实非常困难。因而常常采用强夯法对填砂路堤进行处理,一方面可以改善地基的受力性能,另一方面也改善了砂土的抗液化条件。同时还可提高土层的均匀程度,减少将来可能出现的差异沉降。目前这种施工方法主要用于低等级公路和码头站场的施工。

(二) 风积砂路基

利用风积砂修建公路、石油平台等在我国已经有十多年的历史,近年来水利行业也有利用风积砂进行沙漠地区明渠施工的成功实例。在我国的内蒙古、陕西、新疆、甘肃、宁夏及青海等省、自治区有很大的沙漠分布面积。随着我国西部大开发战略的实施,"十五"期间及后期,我国在沙漠地区修建的不同等级公路里程数以万计,例如在陕西毛乌素沙漠区,西部大通道榆林至靖边高速公路和210国道榆林至陕蒙界沙漠高速公路(半幅)最近相继建成通车,全长共计近200km。后期拟建的二级以上沙漠公路里程也将有数百公里。其他省、自治区的不同等级沙漠公路建设也在陆续展开。但我国各沙漠地区风积砂特性差异明显,风沙环境及气候条件也明显不同,同时不同等级沙漠公路对路基边坡稳定性的技术要求也不同。为此,针对不同地区不同等级沙漠公路,如何对路基边坡作出安全可靠的较经济的设计,尚需作深入研究。对于二级以上沙漠公路来讲,有关方面的研究资料较少,相应的技术规范、规程及标准亟待制定或补充完善。如何确保沙漠公路建设质量,降低造价,并最大限度地改善沙漠环境,仍是当前公路交通部门面临的重大技术课题。

(三) 文献相比

高速公路海砂填筑路基施工是一项新技术,总结和推广这一施工技术,对于海砂丰富、缺少土资源的沿海和岛屿地区,发展高等级高速公路建设,其路基选用海砂材料对路基施工技术提高和推进具有里程碑的作用，同时填补了海砂在泥炭土软土地基上填筑的国内外技术空白。

（四）查新结论

本项目课题组研究了海砂在泥炭土软土地基上填筑高速公路路基的技术以及沉降控制方法，海砂填筑路基施工采用复合"洒水+振压"法，每层松铺厚度控制在40cm，并且建立了海砂填料细度模数与最大干密度和最大含水率之间的一元线性回归方程。其中，高速公路海砂填筑路基采用复合"洒水+振压"法，只有本项目建设单位发表了文献报道。每层的松铺厚度国内外已有文献报道，而海砂填料细度模数与最大干密度和最大含水率之间的一元线性回归方程，在所检国内外文献范围内，未见述及与之相同的文献报道。因此，海砂填筑高速公路路基成套设计施工技术在国内外具有新颖性。

第三节　本章小结

依托项目开展科技创新，企业核心技术"走出去"是企业占有国际市场的金钥匙。斯里兰卡机场高速公路（CKE）项目首创了《深厚泥炭土工程特性及地基处理技术的研究与应用》的综合技术，解决了在泥炭土地基上建造高速公路的筑路难题，实现了泥炭土地基处理利用价值，研发了海砂填筑高速公路路基成套技术，为海砂丰富的沿海一带国家和地区提供宝贵的经验借鉴，实现了高速公路节能低耗绿色建造。

第八章　交付、维护与反馈
Chapter 8　Delivery, Maintenance and Feedback

斯里兰卡机场高速公路（CKE）项目经过中国二十冶集团建设者们艰苦奋战，终于完成了本项目所有的工程施工，经过业主验收后投入运营。在缺陷责任期，中国二十冶集团将持续做好工程维护工作，打造精品工程，展示过硬工程质量。

The Sri Lanka Airport Expressway (CKE) project has finally completed all the engineering construction of the project through the hard work of the builders of MCC 20. It can be put into operation after being accepted by the owner. During the defects liability period, MCC 20 will continue to do a good job in project maintenance, create excellent projects and demonstrate excellent project quality.

第一节　竣工验收与通车运营

斯里兰卡全国公路（各级）投资建设、运营、维护、管理权归口国家公路部道路发展局。斯里兰卡机场高速公路（CKE）项目于2013年6月30日完工，符合竣工验收条件后，经业主代表同意，由承包商（MCC）向业主提出申请，业主（RDA）组织业主代表（SMEC）、承包商（MCC）、运营单位（EMU）对该项目进行了竣工验收。

一、竣工验收

在参加验收的单位中，业主负责组织参建单位完成验收工作的各项内容，对工程质量是否合格作出结论。业主代表负责完成其资料的汇总、整理，协助业主检查承包商的合同执行情况，科学公正地对工程质量进行评定。承包商负责提交竣工资料，完成竣工验收准备工作。承包商、业主、业主代表、运营单位共同对工程质量进行评定。验收提出的工程质量缺陷等遗留问题，由承包商限期完成整改。

承包商根据合同规定，将工程施工验收资料、原材料质量证明文件、复检试验记录、竣工图等工程技术资料共88卷全部移交给业主，资料目录清晰，逻辑关系明确，具有可追溯性。

本项目于2013年9月30日通过竣工验收，道路主线全长25.8km，连接线4.8km，为

图8-1 斯里兰卡机场高速公路通车后景象

双向四车道路面，局部路段为双向六车道，设计速度为80～100km/h。2013年10月27日，斯里兰卡机场高速公路营运通车。在合同缺陷期内，运营服务状况被纳入检查范围内，斯里兰卡机场高速公路（CKE）通车后景象见图8-1。

二、通车运营

2013年10月27日，斯里兰卡机场高速公路运营通车。据新华网记者黄海敏当日报道："当地居民期待已久的科伦坡卡图那亚克国际机场高速路，27日上午在一片欢庆声中正式建成通车。"这条被誉为斯里兰卡"新国门第一路"的高速路于2013年10月22日首次向公众开放。连日来，当地人民以高速路自行车比赛、大象编队、总统与平民走高速等各种形式，庆祝这条由中方贷款和承建的高速路的建成通车。

当天上午，科伦坡烈日当空，高速路两旁彩旗飞扬，斯里兰卡总统的巨幅画像高高矗立在高速路上，当地人民载歌载舞，欢庆多年的梦想变为现实。

时任斯里兰卡总统拉贾帕克萨称，中国政府提供贷款，中冶集团用最好的设备和技术，为斯里兰卡建造了这条高质量的高速路，使机场到科伦坡市区的时间由一个半小时缩短到20分钟，大大方便了人民的出行。

时任中国驻斯里兰卡大使馆临时代办任发强在集会上表示，斯里兰卡机场高速公路是斯里兰卡新的"国门第一路",建成通车大大节省了从机场到科伦坡市区的时间,缓解了沿线交通压力,对斯里兰卡旅游业和物流业发展具有积极的推动作用。

任发强指出,中斯两国建设者们顶烈日、战高温、冒风雨、克服软土地基、海水漫路、垂直护坡等重重困难,在一片片荒地上打造出了一条通衢大道,为当地人民的出行提供了便捷的交通,更为即将出席在科伦坡举行的英联邦首脑会议的各国元首提供了交通保障,同时展示了斯里兰卡交通建设发展的美好前景。

第二节　工程维护

自竣工交付之日起的缺陷责任期内,中国二十冶集团本着对业主、对工程质量负责的精神,负责在此期间内发生的一切工程质量问题的修复工作。

一、成立缺陷期工作小组,全力做好维护服务

在工程交工后,中国二十冶集团成立缺陷期工作小组,小组成员由工作认真、经验丰富、技术好、能力强的原项目经理部的项目经理、管理人员和作业人员组成,缺陷期工作小组严格遵守与业主签订的合同,继续为业主提供维修服务,对工程上发生的质量问题,随时进行修复。

二、建立工程维护管理制度,加强维护保障工作

缺陷期工作建立工程保修管理制度,对保修人员起到严格的约束和管理作用,保障保修工作的正常开展。同时,将配备施工专用车辆,用于经常性地检查工地、接送人员、购买材料等,确保工程维护得有效、及时。配备足够的机械设备,如砂浆拌合机、空压机、压路机、自卸车等以满足各种养护所需的机械设备要求。在维护施工时,工作人员必须穿戴统一的工作服,并采取切实可行的安全防范措施。

三、定期执行工程检测,及时发现问题,解决问题

缺陷责任期内,缺陷期工作组要定期组织对工程进行全面、仔细的检查,对出现的工程缺陷登记清楚,分析缘由,及时向业主上报缺陷原因、缺陷数量、缺陷范围、缺陷责任等,并立即组织维修。尤其是要加强道路、桥梁及隧道附属设施的监测,做到

发现问题及时解决问题。

缺陷期工作小组，按照不低于表8-1所示的缺陷期频率进行检查。

缺陷期频率检查 表8-1

项次	检查类型	最低检查频率
1	路面	每周1次
2	路边	每月
3	桥涵	每3个月
4	夜间	每周
5	特殊事件	事故期间或之后
6	命令要求	业主或业主代表要求

四、完善技术检测系统，确保工程的维护质量

缺陷期工作组建立完善的检查和技术检测系统，按有关标准、规范建立完整的信息网络，及时、准确地掌握路面、桥涵状况及相关信息（表8-2）。利用计算机信息系统，对所检测的数据进行分析处理，根据评定结果提出维护对策，有依据、有计划、有针对性地安排维修工作。不断探索和应用新材料、新设备、新技术、新工艺，提高维护作业的时效性、机动性、安全性和可靠性，迅速、优质、高效地处理各类问题，确保工程质量。

路面、桥梁、涵洞检查要求 表8-2

识别缺陷	检查要求
A. 密封刚性路面； B. 未加固路肩； C. 表面排水； D. 地下排水，涵洞和地下通道； E. 交通安全设施； F. 运营服务； G. 路旁垃圾； H. 桥梁和涵洞	实施路面检查是通过以交通流量方向行驶经过每个车道和所有上下匝道，所包括的所有缺陷如下： a) 可能对道路使用者和其他人的安全造成危险的因素； b) 带有破坏性质的缺陷； 当确定缺陷是否会变成危险时，必须至少考虑： a) 缺陷的严重程度和性质； b) 缺陷的范围； c) 总体路况，目前和预期的天气情况； d) 缺陷的位置； e) 对道路使用者的影响； f) 交通流量
桥梁和涵洞	桥梁和涵洞的检查包括视觉上检查所有桥涵结构缺陷，表面损坏，斜坡防护，冲刷

五、积极保持与业主的沟通，随时听取反馈意见

缺陷期工作组要与业主经常保持联系，加强联络，听取业主的意见和建议，及时解决业主提出的各种工程质量及维修服务上的问题。各项缺陷的修复必须符合规范要求并取得工程师和业主代表的认可。缺陷责任的维护分两种情况，若因施工质量问题造成结构内部受力变化或外部破坏的，建设单位提出修复方案并报业主批复后立即实施；若属非建设单位责任造成的缺陷，要及时上报业主，并按照业主批复的方案组织维修。

第三节　项目回访

2022年1月1日，在斯里兰卡机场高速公路建成通车运营八年后，中国二十冶集团派员工拜访了时任斯里兰卡高速公路管理局总经理Mr. Lodiwick，并进行了工作回访。

一、取得了良好的经济效益

时任斯里兰卡高速公路管理局总经理Mr. Lodiwick表示，机场高速公路是斯里兰卡第一条高速公路，交通量平均5.5万次/日，收入非常可观。斯里兰卡机场高速公路运营阶段是其为社会提供服务和创造效益的过程，目前的运营交通量、行车速度及交通密度等运行参数都体现了其优异的运营水平和经济效益，斯里兰卡机场高速公路K5+400收费站如图8-2所示。

图8-2　斯里兰卡机场高速公路K5+400收费站

二、获得了良好的社会效益

在世界人民眼中，斯里兰卡机场高速公路已然成为"科伦坡的初之印象"，在发挥商业交通价值的同时也搭起绿色的人文景观，是斯里兰卡战后民族独立、经济发展的硕果，被誉为"国门第一路"，创造了亚洲的奇迹。高速公路局部图如图8-3所示。

图8-3　高速公路局部图

三、展示了过硬的工程质量

时任斯里兰卡高速公路管理局总经理Mr.Lodiwick表示，机场高速公路是斯里兰卡第一条高速公路，通车至今没有任何大修，路面非常平顺，行车非常舒适，是目前斯里兰卡质量最好的高速公路，是斯里兰卡向国际社会展示自己的一道靓丽风景。在地质条件这么差的地基上修建的高速公路，通车这么多年竟然几乎没有沉降，这充分体现了中国二十冶集团的精湛技术和过硬的施工质量，为当地带来了实实在在的益处，充分展示了中国企业的责任与担当。斯里兰卡机场高速公路在斯里兰卡率先实现中国标准"走出去"，助力其标准体系建设，实现了合作共赢。

第四节　本章小结

项目交付、维护、回访是合同的履约项，国际项目尤其重视对合同的完全履约、项目交付、竣工通车后（缺陷期）的维护以及工程回访工作。对斯里兰卡机场高速公路合同履约以及完善的维护工作，赢得了斯里兰卡建造高速公路市场订单，值得海外工程建设者推广借鉴。

第九章　成果及经验交流
Chapter 9　Exchange of Achievements and Experience

斯里兰卡机场高速公路（CKE）项目获得了多项设计奖项、授权专利，还形成了相关标准，并激发了专业人士在工程领域的科技创新。可以说，斯里兰卡机场高速公路（CKE）项目取得了丰硕的成果。斯里兰卡机场高速公路起点为科伦坡New Kelani大桥，终点为卡图纳亚克国际机场，它的建成大大缩短了从斯里兰卡首都科伦坡至国际机场的行车时间，缓解了沿线区域交通严重拥挤的局面，促进了沿线产业带的开发与发展，并对斯里兰卡旅游业的发展有积极的推动作用。

The Sri Lankan Airport Expressway (CKE) project has won several design awards, granted patents, developed standards and stimulated technological innovation in engineering by professionals. It can be said that the Sri Lanka Airport Expressway (CKE) project has achieved fruitful results. Sri Lanka Airport Expressway starts from Colombo New Kelani Bridge and ends at Katunayake International Airport. Its completion greatly reduces the driving time from Colombo, the capital of Sri Lanka, to the international airport, alleviates the serious traffic congestion in the region along the route, and promotes the development and development of the industrial belt along the route. And the development of tourism in Sri Lanka has a positive role in promoting.

第一节　技术突破与管理创新

斯里兰卡机场高速公路（CKE）项目在建设过程中，不仅充分发挥了中国二十冶集团在重大项目建设上的优势，更体现了项目团队在技术创新上的突破，从而获得了一系列令人鼓舞的优秀成果。

一、创新技术，奠定成功基础

斯里兰卡机场高速公路（CKE）项目获授权专利35件、省部级工法6项、软件著作权2项、出版专著2部、发表SCI等论文7篇。该工程项目的主要科技成果是《深厚泥炭土工程特性及地基处理技术研究与应用》，于2020年12月16日由上海市土木工程学会

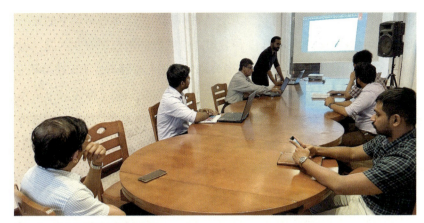

图9-1 岩土教授开会研讨课题

组织行业内院士、专家和教授进行会议鉴定（图9-1），达到国际领先水平，该项目被授予上海市土木工程学会工程奖一等奖，获2021年度中冶集团科学技术奖特等奖。可见，斯里兰卡机场高速公路（CKE）项目在技术上具有进步性，科技成果鉴定达到"国际领先"水平。

斯里兰卡机场高速公路（CKE）项目获得斯里兰卡国家公路部优秀设计工程、省部级设计一等奖。为了表彰机场高速公路的建设对斯里兰卡社会、经济作出的巨大贡献，2014年1月12日时任中国驻斯里兰卡大使吴江浩和时任斯里兰卡总统拉贾帕克萨共同为机场高速公路工程颁发斯里兰卡国家工程优质奖，是斯里兰卡历史上国家总统第一次为工程颁奖。

二、形成标准，打造优质工程

斯里兰卡机场高速公路（CKE）项目形成中国团体标准1部、斯里兰卡标准3部，获得省部级建筑新技术应用示范工程称号和中国标准海外示范应用工程称号，获得中冶集团科技进步一等奖、中国建设工程鲁班奖（境外工程）、十九届中国土木工程詹天佑奖等。2015年11月17日，在北京钓鱼台国宾馆隆重召开2014—2015年度中国建设工程鲁班奖（国家优质工程）颁奖表彰会，中国二十冶集团EPC工程总承包的斯里兰卡机场高速公路（CKE）项目获此殊荣。

三、加强管理，实现项目盈利

斯里兰卡机场高速公路（CKE）工程项目总造价3.5217亿美元，最终实现毛利8%，由开始预测的亏损转为赢利，实现了名利双丰收。本项目取得的成绩得益于项目团队高效的组织和管理，得益于工程建设各个阶段的精心部署和实施，得益于各项管理措施的有效执行。斯里兰卡机场高速公路（CKE）工程项目不仅获得了业主的充分肯定，也将中国企业的施工效率高、施工能力强的风格印在了斯里兰卡人民心中，为中冶集团后续项目打开了大门，陆续拿到了合同额为5.2亿美元的斯里兰卡外环高速公路三期项目和合同额为11.64亿美元的斯里兰卡中部高速公路工程第一标段项目等。

第二节　合作共赢的先行者

斯里兰卡机场高速公路（CKE）项目这一重大工程在设计、施工、运营等阶段遇到过诸多困难，项目团队迎难而上、逐一克服，最终实现顺利通车。在这个过程中，项目团队也积累了大量经验。

承包商和业主的想法并不是时刻保持一致的，总会出现意见不同的时候。当遇到分歧的时候，用合作共赢的方法去解决问题，化解风险。例如，在机场高速公路开工建设前，斯里兰卡当地缺乏现行的各类高速公路执行技术标准，业主原本希望执行欧美高速公路施工技术标准和规范，但承包商以中国高速公路通车历程已超10万km、位居世界高速通车里程第二大国、施工技术和施工标准等已非常成熟和完善为由，和业主多次协商，最终同意采用中国高速公路施工技术标准和规范。这一协商有效化解了承包商因不熟悉欧美规范带来的各项施工材料、施工工艺、验收标准等的风险问题。

另一项合作共赢、化解风险的典型实例为项目收费、通信和监控等三大系统的引入，与施工技术标准相类似，本地缺乏成熟和现行的收费系统标准和指南要求，承包商通过引入国内高速公路现行三大系统技术标准，以及引入国内软硬件生产商中兴通信，为斯里兰卡当地收费系统标准的设立以及后续施工建设的外环高速和南部高速乃至全国收费系统的统一奠定了技术基础。

第三节　成本控制的受益者

项目成本能控制得越低，利润就越大，斯里兰卡机场高速公路（CKE）项目能够由预测的亏损转为赢利，有效的管控成本是必不可少的，可以说是利润最大化的关键部分。本项目采用EPC项目管理模式，由承包商承揽整个项目的设计、采购和施工，对项目的质量、安全、工期、造价等全面负责，并最终向业主提交一个符合合同约定、满足使用功能、具备使用条件并经竣工验收合格的建设工程承包模式。EPC项目合同模式下的成本管控，相比传统合同模式，有其自身的特点和着力点，形成完整的成本控制思路和措施显得尤为重要。

一、建立完善的成本控制体系

1. 编制成本计划和下达成本控制指标。项目工程队要在成本控制体系的基础上，制定一套符合市场实际的内部预算定额，并结合合同、施工方案、材料市场价格等相关资料，编制成本计划和下达成本控制指标。

在组织上，首先要确定公司层面成本管理的牵头部门和责任人代表企业行使成本控制职权。其次要分别明确项目管理组、作业层以及各专业成本管理的责任人，下达成本控制责任指标。因为项目成本还涉及其他与项目有关的部门、单位及职工，所以要把成本指标分解到所有部门和个人，实行全员控制。

在政策上，要实行责、权、利相结合的方式，这是成本控制目标得以实现的重要保证。在成本控制过程中，项目经理及各专业管理人员都负有成本责任，相应地应享有一定的权限，包括用人权、财权等。企业领导对项目经理在成本控制中的业绩要进行定期检查和考评，项目经理对各部门的职责分工进行定期检查和考评，发现问题及时采取纠正措施。考评的结果要与工资、奖金挂钩，并且做到奖罚分明。

2. 实施项目全过程成本控制。项目成本涉及项目整个周期。EPC项目一般采用固定总价和工期相对固定的合同模式，承包商承担的风险范围比单一施工项目大得多，因此要更加注重成本的全过程控制。在投标阶段，做好成本的预测，要对业主提供的投标指南、合同条件、业主要求、投标书附录、保函格式、地勘、气候、水文条件以及项目当地的市场资源情况、政治因素、社会环境、物价情况等做到尽可能详细的调查了解，科学评估影响成本的各种风险因素，确定合理的投标价格签署合同。在中标后的实施过程中，优化方案、提高效率、制定好成本计划和成本目标，采取技术和经济相结合的手段，控制好事中成本，特别在设计阶段要做好从方案设计、初步设计到详细设计的三阶段优化，尽可能采用最经济的设计方案。在竣工验收阶段，要及时交接项目办理竣工结算，使项目顺利转入保修阶段，做好成本的核算和分析。

3. 加强财务核算管理。要做到准确的财务核算，并且把项目成本核算到具体的责任单位或单元，被选择或划分的工程单元，就是成本控制的对象，可以是一个分部工程，也可以是一个分项工程，可以是一个工序，也可以是一段工程。但不论如何选择或划分，其基本原则是所确定的控制对象，它应该是在设计、计划、验收和结算上可以独立核算的。斯里兰卡机场高速公路（CKE）项目的做法是把工程进行工作结构分解，即把整个项目工程按层次分解，其最底层的称为工作包，而工作包就作为成本控制对象的工程单元确定，并且这些工程单元的计划施工时间也已确定，以及施工活动所需资源（人工、材料、施工机械设备等）就能相对地确定，项目成本做到了有效的归集和核算。

在项目实施过程中团队要执行费用开支标准和有关财务制度，严格控制斯里兰卡机场高速公路（CKE）项目成本开支范围，要准确划分和记录、限制和监督各项成本，并且及时分析和预测未完项目成本，发现可能造成成本增加的因素，及时采取预防和纠正措施，杜绝可能发生的浪费，确保项目成本目标的实现。

二、严格实施成本控制的各项措施

1. 控制材料采购和物流成本。材料成本在本项目合同价款中所占的比重在50%以上，类别品种极多、技术性强、涉及面广、工作量大，对其质量、价格和进度都有着严格的要求，并具有较大的风险性。斯里兰卡机场高速公路（CKE）项目在执行中，坚持按定额确定的材料消耗量，实行限额领料制度。在材料性能满足工程功能的基础上，力求用价格低的材料代替价格高的材料，根据市场价格浮动的趋势和施工进度计划，选择合适的进货时间和批量，减少资金占用，尽可能降低材料储备量。根据周转资金的有效利用和汇率、利率等情况，选择合理的付款方式和付款货币。认真计量验收，坚持余料回收，降低料耗水平，加强现场管理，减少搬运，降低堆放、仓储损耗，改进施工技术，推广使用降低料耗的各种新技术、新工艺、新材料。

2. 控制人工成本。加强劳动纪律，压缩非生产用工和辅助用工，严格控制非生产人员比例。根据劳动定额计算出定额用工量，并将安全生产、文明施工及零星用工下达指标到作业队进行控制。加强技术教育和培训工作，提高人员技术水平和班组的组织管理水平，合理进行劳动组织，减少和避免无效劳动，减少窝工浪费，提高劳动效率。实行合理的奖惩制度，建立激励机制。在用工方式上，能包工的尽量包工，能按计件、计量核算的尽量按计件、计量承包。

3. 控制机械成本。施工机械的完好率和施工机械的工作效率直接关系到机械成本的高低，要防止施工机械的非正常损坏。配置更新机械设备时，合理进行选型配套，注意一机多用，并做好一次采购成本、检修维护成本与设备正常利用率的全周期技术经济分析。合理配置设备维修养护人员的数量，建立设备常规配件的快速保障供应机制，测算经济储备量，保证机械设备的正常快速修理，充分利用现有机械设备，内部合理调度，提高主要机械的利用率。

4. 控制质量成本。质量成本是指项目为保证和提高产品质量而支出的一切费用，以及未达到质量标准而产生的一切损失费用之和,包括质量预防费用、质量检验费用、内部故障成本、外部故障成本等。在初步设计、施工图设计和施工组织设计阶段就要对质量目标有一定的前瞻性,整个项目团队和各个部门要有统一一致的质量成本理念,对质量目标不要盲目追求"最新""最高""最好"等,应以经济合理、注重效益为原则。其次,要定量分析提高质量目标后对施工成本目标的影响,最大限度降低质量成本。

5. 控制工期成本。EPC项目的实际工期进度是动态、不断调整的过程,它受业主条件、合同商条件、供应商设备材料的制作周期和内部管理各因素的影响。工期安排的合理性,是影响项目成本的重要因素。工期延长将加大企业设备和人力资源的占用,增加企业管理费用,直接导致成本的增加。在编制项目总进度计划时,我们需要将设计进度计划、采购进度计划和施工进度计划结合起来编制,需要充分考虑相关各方的逻辑关系和资源分配,做好交叉衔接。重视设计、采购与施工之间的协调配合,制订出科学合理并留有一定余地的项目总进度计划,实现了合同工期和成本目标的充分结合。

6. 控制技术成本。在项目管理的实践中,作为材料费、人工费、机械费的控制管理已为大多数企业所共识,然而,从优化技术方案来节约成本却被许多企业所忽视。施工方案的优化是降低工程成本的重要途径,项目通过多方案比较,按照最优方案施工降低成本、加快进度、保证质量和安全,提高经济效益。从优化技术方案入手解决成本管理问题是最有效的办法之一,是使项目盈利的有效途径。

7. 控制设计成本。对于EPC总承包项目而言,成本控制的内容还包括设计成本。据国内外统计资料表明,大型工程项目设计费用一般只占工程总投资的3%左右,但这很少的设计费用却对工程总投资的影响达到了80%以上。在满足同等使用功能的前提下,经济合理的设计能有效降低工程造价的5%~20%,对项目投入使用后的长期经济效益的影响更是无法估量。根据国内外对大量工程项目的调查分析得出,在项目周期里越是前期的工作对项目投资的影响越大,因此,设计阶段对项目投资进行控制是十分必要的。在初步设计阶段,影响项目投资的可能性是75%~95%。可见,控制项目投资的关键在于施工之前的初步设计和项目实施过程中的设计管理,而且设计阶段顺利与否也会直接影响到整个项目的进度和质量。项目设计对项目成本的控制不止体现在设计优化上,还反映在设计质量上。高质量的设计图纸可以简化施工工艺,增加施工的可行性,保证施工连续顺畅从而减少返工、降低施工成本。

8. 控制合约风险成本。由于EPC项目通常都是总价和工期固定合同,承包商承担了大部分的风险。因此,对于合约风险的成本控制就显得尤为重要。风险成本的控制贯穿于项目的全过程,尤其在投标阶段要做好充分的风险因素调查,报价时要把所有能够预见的风险考虑进去,力争获得价格合理的中标合同。控制风险成本的最有效手段是抓好索赔，有效索赔可以增加合同价款或工期，降低合约风险成本。在和业主保持正常良好关系的前提下，在合同执行过程中合情合理地抓住一切可以索赔的机会。斯里兰卡机场高速公路（CKE）项目争取和分包签订有利于主包方的分包合同，通过合同的签订尽可能地把施工过程中分包工程有关的风险都转嫁给分包商，相应减少主包商的风险。分包进场后，要不断检查分包商在实际施工过程中的执行能力，不时针对分包商施工中产生的问题进行分析、了解，帮助分包商一起协商解决问题。

综上所述，斯里兰卡机场高速公路（CKE）项目团队在建设过程中实施技术创新和管理创新，建成了精品工程，斩获了多项大奖，编制了行业标准，也收获了良好的经济效益，实现了互利共赢。

第四节 项目科技创新、质量创优成果

（一）工程获上海市土木工程学会工程奖一等奖；

（二）获省部级中冶集团科学技术奖特等奖、科技进步奖一等奖；

（三）工程获斯里兰卡国家公路部优秀设计工程、省部级设计一等奖；

（四）工程授权专利42件、省部级工法6项、软件著作权2项；

（五）工程形成中国团体标准1部、斯里兰卡标准3部；

（六）出版专著2部；发表SCI等论文7篇；

（七）科技创新成果经院士、大师等知名专家鉴定达到国际领先水平1项、国际先进水平2项；

（八）工程获省部级建筑新技术应用示范工程；

（九）工程获中国标准海外示范应用工程；

（十）工程获斯里兰卡国家优质工程奖；

（十一）工程中国建设工程鲁班奖（境外工程）；

（十二）工程获中国土木工程詹天佑奖。

第五节 本章小结

斯里兰卡机场高速公路（CKE）项目是海外市场成功的案例，从项目授标伊始，坚持明确契约、严肃合同、互赢互利的原则，开展科技创新、质量创优各项工作，收获成果累累。项目见证了建设者艰苦卓绝的工作，建成了精品工程，赢得了国际市场，提升了企业国际知名度，中国二十冶集团历时6年圆满完成了该项目，意义非凡，为今后类似工程提供宝贵经验和借鉴依据。

第十章 项目风险防范
Chapter 10　Project Risk Prevention

斯里兰卡机场高速公路（CKE）项目在设计、施工、竣工、验收等各个阶段面临诸多风险，包括总承包商的合同风险、当地社会法律风险、社会环境风险、市场环境风险等，需要提高风险防范意识，积极采取有力措施，以确保工程项目的顺利进行。

Sri Lanka Airport Expressway (CKE) project faces many risks in the design, construction, completion, acceptance and other stages, including the general contractor's contract risk, local social legal risk, social environment risk, market environment risk, etc. it is necessary to improve risk prevention awareness and actively take effective measures to ensure the smooth progress of the project.

第一节　合同分析及风险防范

工程项目风险指工程项目在设计、施工、竣工、验收等各个阶段可能遭受的风险。由于工程项目具有规模大、周期长、单件性和复杂性等特点，在实施过程中存在更多的不确定性，因而比一般商品具有更大的风险。在EPC项目中，总承包商的合同风险涉及项目全过程。

一、执行EPC总承包合同模式的差异化风险因素

传统承包模式中，材料与工程设备通常是由项目总承包单位采购，但业主可保留对部分重要工程设备和特殊材料的采购权。在EPC合同模式下，承包商的工作范围包括设计、工程材料和设备的采购以及工程施工直至最后竣工，并在交付业主时能够立即运行。

从EPC的实践看，即使业主付出的合同价格要高一些，甚至高出很多，他们仍愿意采用这种由承包商承担大部分风险的做法。对承包商来说，虽然这种合同模式的风险较大，只要有足够的实力和高水平的管理，就有机会获得较高的利润。虽然使用EPC合同承包商可以获得更大的利润，但是承包商却不得不面对比传统承包合同大得多的风险。

同其他项目风险一样，工程项目风险也具有客观性、必然性、可变性、相对性、阶

段性等特性。总体来说，EPC项目风险的因素可分为三类，客观风险、道德风险、技术能力不足风险或心理风险。

客观风险包括自然灾害带来的风险。EPC工程项目周期长，遭遇各种自然灾害的概率极大。还有社会政治风险。战争和内乱可能使建设项目终止或毁约，或者建设现场直接遭受战争的破坏，而使承包商和业主都遭受损失。国有化、征用、没收外资往往使项目的外方业主蒙受重大损失。EPC工程总承包项目合同履行过程中，项目所在国法律、政策发生变化，可能使承包商承担额外的责任，造成较大的履约风险。最后，经济风险中的汇率浮动使得承包商不得不承担国际市场汇率波动的风险。另外，通货膨胀使工程造价大幅度提高，承包商承包合同多数都为固定总价条款，必然使承包商承担额外支付的风险。

道德风险涉及业主不付款或拖延付款和分包商故意违约。一些EPC工程项目的业主可以采取多种方法来故意推迟已完工工程付款。拖延支付和扣留最后一笔工程质量保证金，也是承包工程中经常碰到的事情。有的分包商，在项目分包阶段，故意报出低价，一旦授标给他，他则利用各种可能的手段，寻求涨价，甚至以工程质量或工期作为要挟承包商的手段，承包商一旦处理不当，就会出现工程质量不合格或工期拖延，从而面临支付额外费用或承担违约责任的风险。承包商参与工程的各级管理人员若不诚实或有违法行为，也会对工程的质量、进度、成本等造成不良影响，使承包商面临支付额外费用或承担违约责任的风险。

技术能力不足或心理因素的风险，是由于承包商技术能力薄弱，缺乏管理人才和经验或者筹集资金的能力不足，或者承包商和其分包商都具备履行合同的技术、财务、认知和管理能力，但由于其主观重视不够或其他原因，在工程中疏忽大意、过失或不够谨慎小心等，也会增加风险发生的概率或扩大发生风险事件的损失程度。

二、EPC总承包合同风险分析

在EPC项目中，总承包商的合同风险涉及项目全过程。结合斯里兰卡机场高速公路（CKE）项目实操过程，从前期阶段、设计阶段、采购阶段、施工阶段四个方面对合同风险展开分析。

1.前期阶段合同风险分析。前期阶段主要指投标阶段。总承包商依据初步设计方案提交投标报价，将引起成本和工期风险。因此，总承包商应加强事前风险评估，包括业主实力、项目自然环境、地方政策等风险因素。此外，合同订立条款的遗漏、歧义所导致的争议也将增加总承包商的合同风险。

2.设计阶段合同风险分析。设计是EPC项目开展采购、施工任务的基础，直接影响采购和施工的进度和成本。因此，设计阶段合同风险分析对总承包商来说也极为重要。设计阶段合同风险主要表现为各专业设计衔接不当影响项目进度，地质条件与招标文件不符引起总承包工作量的增加和工期的拖延，与业主沟通不及时引起的项目进度滞后以及设计方案不满足要求造成施工无法开展或返工等。

3.采购阶段合同风险分析。总承包商需要采购的材料、设备种类繁多、数目庞大，同时还要经过询价、招标、采购实施、验货等流程。EPC工程项目周期较长，物价的波动上涨同样是总承包商不可忽视的风险之一。综上，总承包商在采购阶段的风险主要表现为材料设备供应延迟影响项目工期、采购质量不合格造成成本增加以及对市场估价不准、物价上涨带来的风险。

4.施工阶段合同风险分析。在施工阶段，总承包商需要投入大量的生产要素完成工程施工。施工过程中不确定因素所引发的风险带来的后果可能更为严重。施工阶段合同风险主要表现在施工过程中管理人员对合同责权利不明确、风险意识不强、资金管理不到位、施工协调不善所引起的工期、成本、质量风险等。

三、EPC总承包合同风险防范措施

1.前期阶段控制措施。重视项目信息调查工作。在合同签订前，总承包商应对业主声誉、支付能力、项目自然环境、地方政策等进行全面调查，同时还要对项目本身的法律风险进行调查评估。结合调查结果对项目展开综合预评估，并对后期订立合同可能存在的风险进行分析，从而加强事前控制。研究合同双方权责，针对性地化解风险。在EPC合同签订后，业主对招标文件中相关资料的完整性、准确性不再承担责任，而总承包商就要对这种不准确性和缺失性带来的风险买单。所以，总承包商在招投标阶段一定要深入研究业主提供的相关资料，及时发现资料里潜在的风险，从合同的规范性和全面性入手，从而规避风险。重视合同条款的严密性。合同条款的严密性是指合同整体应保持结构严谨、合同条款之间不矛盾、描述精简并无歧义。严格把控合同条款的严密性可有效地规避与业主的纠纷。

2.项目设计阶段控制措施。设计对项目总工期和总成本影响较大，总承包商必须采取控制措施来降低设计风险。斯里兰卡机场高速公路（CKE）项目首先加强了与业主沟通，获得业主的真实想法，并通过实地踏勘充分了解项目背景和环境条件。其次，选择了国内优秀设计单位西安一公院作为分包商，在订立设计分包合同时明确双方的权责利，明确设计进度目标，形成共担风险、共享利益的合作机制。最后，加强设计过程中专业设计之间、设计与物资采购工作以及设计进度的协调，从而规避设计风险。在项目总承包商确定的项目范围、合同、总体成本的预算额度的基础上，将成本分配到项目的各个专业和参加设计的各个设计单位，让各个专业的设计人员根据分配的成本设计施工图纸，这就是EPC工程总承包模式限额设计的意义。这种限额设计是在满足项目性能的条件下，降低了在投标阶段由于设计材料不完善所引起的工程量和设计方案发生变化的风险。为了降低设计阶段产生的风险，可以用合同条款约定的形式将在投标阶段业主所提供的资料不完善的情况进行约定，这同样是有效降低风险的重要措施之一。

3. 采购环节控制措施。在合同的执行过程中，重点对设备询价、报价汇总、选定供应商、签订采购合同等相关的审批流程严格把控，兼顾设备质量和采购经济效益，从源头上切断材料设备采购风险。此外，应配备有经验的管理人员对材料设备市场价格评估、采购等方面加强管理，从而有效控制采购风险。

4. 施工阶段控制措施。提高管理人员风险意识，组织人员对EPC项目进行系统学习，积极开展相关培训，在项目管理过程中不断总结经验并进行交流，加强项目人员的风险控制及管理意识，培养专业过硬的复合型人才，从而降低人员所带来的合同实施风险。合同签订后，由合同部负责人组织全项目管理人员学习合同条款，对合同主要内容及存在风险进行分析和说明，并形成文件进行详细的合同交底，使项目人员熟悉工程范围和合同责任，并根据合同责任进一步细化分工，确保风险的有效规避。

5. 资金使用环节控制措施。由于EPC总承包项目涉及资金额度较大，在工程实施过程中，业主切实按照合同要求履行支付义务是较为困难的。因此，作为总承包商应强化资金预算管理，制定资金使用计划，遵照计划控制费用的原则，全过程控制资金预算，提高资金的使用效率。一方面，围绕资金预算管理实施全年统筹、月预算管理和预算考核制度等。另一方面，充分发挥财务部门的资金管理职能，精细化资金管理规定及办法，确保资金的有效使用。

综上所述，斯里兰卡机场高速公路（CKE）项目是一项资金额度较大、较为复杂的工程，在建设过程中各个环节都需要以合同为依据，这样才能有效地避免各种风险，顺利完成施工，实现双赢。

第二节　社会法律风险与防范

海外工程项目是一项风险极大的活动，工程全过程伴随着众多的风险因素，任何风险防范考虑不足都可能导致工程亏损，造成严重的经济损失。其中，社会法律风险是跨国工程服务企业海外项目面临的最为常见的风险，如果出现法律上的漏洞或风险，对跨国工程服务企业的影响和造成的损失通常都是巨大的。因此，对斯里兰卡机场高速公路（CKE）项目的社会法律风险进行有效的识别和防范就显得尤为重要。

一、努力识别社会法律风险

1. 当地化及阻工风险。2009年5月，斯里兰卡政府宣布消灭了"猛虎"组织主要头目，收复了被控制地区。随后，斯里兰卡政府积极推进战后经济重建，国内政治、经济形势总体趋于稳定。斯里兰卡人民受教育程度较高，对中国承包商的建设活动非常支持。

2. 社会治安风险。斯里兰卡国内民族和宗教问题较为复杂，近年来，斯里兰卡面临的恐怖主义威胁有所增加。加之斯里兰卡政府为缓解债务压力，在国际货币基金组织领导下采取了一系列改革，损害了斯里兰卡国内相关集团的利益，从而被国内政治反对派和利益集团利用，导致游行示威和罢工活动增多。

3. 当地风俗习惯带来的风险。斯里兰卡宗教意识浓，宗教地位高，在斯里兰卡须尊重宗教和当地风俗，避免因此造成冲突。斯里兰卡是佛教国家，也有伊斯兰教等其他宗教信仰。需要注意，在斯里兰卡，一些清真寺或庙宇谢绝女游客参观，没有征得管理员同意不要擅自闯入。进入寺庙要脱鞋、穿戴整洁，不要穿着暴露，另外裤子长度要在膝盖以下为宜。寺庙内禁止喧哗。不要爬骑在神像上面玩耍或拍照，以示对当地信仰的尊重。背对佛像拍照违反了斯里兰卡法律。在僧侣面前，应席地而坐，或选择较矮的凳子就座，不能与僧侣并排就座。候机厅内的白椅子为宗教人士专用，即使座位空着，普通人员亦不得占用。

斯里兰卡人信奉佛教"不杀生"的教义，有保护环境的传统。任何捕杀动物的行为，比如在野外抓蝴蝶、在家里杀鸽子，都有可能被斯里兰卡人举报而坐牢。乌鸦在斯里兰卡被视为神鸟和吉祥物，不可伤害。在礼仪文化方面，和当地人打招呼时，多采用握手或双手合十微笑的方法，双手在面部合十是最为规范的做法。另外不要抚摩小朋友的头。在斯里兰卡，点头和摇头的含义与中国相反，点头是表示不是，摇头则表示是。给当地人送礼物时，不要送花，吃饭和接受礼物时，都要用右手。

4. 司法系统不独立带来的风险。斯里兰卡的法律体系是原英国殖民者留下的，整体较为完善。但法律诉讼程序冗长，且偏袒保护本国人，因此投资中有必要遵循当地的法律要求。斯里兰卡司法系统容易受到政治和官员个人因素影响，不能完全实现独立，执法过程易受政府政策干扰。目前斯里兰卡政府已经展开司法体系改革，致力于维护司法机关的独立性。

二、强化社会法律风险应对措施

1. 事前预防,建立有效的海外项目法律风险评估预警机制。有针对性地开展法律风险的防范,增强抗击法律风险的主动性、前瞻性和计划性,对海外法律风险进行提前预估、评价、预警,增强抗风险能力是法律风险防范的基本要求。中国二十冶集团具备多年的海外项目建设经验,经过系统地经验总结,从人员配置、制度建立、法律调研、风险防范体系、防控形式等方面,建立一整套海外项目法律风险评估和预警机制。

2. 合理配置法律人员为海外项目服务,确保人员数量和专业水平。优化海外项目法律人员构成,全面地防范和控制法律风险,没有专业的法律人员是不可能实现的。根据斯里兰卡机场高速公路（CKE）项目法律风险防控的需要和本项目的特点,项目部配备一定数量的专、兼职法律人员,形成总部法律人员、外派项目法律人员、海外兼职法律人员、外聘国际律师、外聘当地律师等法律人员构成的配置结构。

3. 加强对非法律人员法律意识的培养。按照"学以致用,突出重点,加强普法的针对性"的原则,结合斯里兰卡机场高速公路（CKE）项目实际,组织开展本单位的普法活动,同时根据形势变化、针对热点事项,外请专家,举办专项讲座。针对斯里兰卡机场高速公路（CKE）项目实施过程中遇到的实际问题,对经营管理人员进行相关法律知识的培训。同时,重点开展斯里兰卡国家历史法律法规、生活习俗等方面的学习和宣贯。

三、积极适应当地社会法律环境

在斯里兰卡,基本上所有的协议都需要律师起草后到政府部门备案,缴纳印花税后,合同才真正生效。因此在投资付款之前,必须保证所签协议既有律师的签字盖章,也有政府相关部门的备案许可,斯里兰卡法律严格限制雇用外籍劳工。由于国内劳工数量较多,政府为了保护本国劳工的权益,除外资企业的高级管理人员外一般不允许外国的普通劳工进入斯里兰卡工作。在开放领域上,也只允许工程承包项目或投资项目协议规定的外籍劳务人员在境内工作,其他领域基本上不允许外籍劳务人员进入。且外资对当地企业进行收购、兼并时不得随意开除工人,解雇职工必须征得工会的同意,否则解雇无效。

做好环境评估和管理工作,结合斯里兰卡方面给出的专业意见及要求,认真落实环境影响评估报告上所提出的各项环保措施。在项目建设期间,承包商积极按照斯里兰卡中央环保署的准则进行施工。成立环境管理部,招聘当地资深环境经理进行环境管理,避免阻工事件的发生。

综上所述,斯里兰卡高速公路(CKE)项目工作实践中真正做到社会法律风险的"事前预防,事中控制、事后总结",积极实施风险防范措施,从根本上降低了法律风险带来的损害。

第三节 社会经济分析及风险防范

斯里兰卡机场高速公路(CKE)项目所面对的社会经济风险主要表现为斯里兰卡的国家宏观经济环境、金融风险、汇率风险、税务风险等方面。自2008年金融危机以来,全球金融市场动荡,国际经济和货币体系难以预测,汇率风险处于我国企业海外投资和工程项目所面对的经济风险中的最高层次。

一、基本稳定的社会经济环境

1. 斯里兰卡达到中等收入国家水平。斯里兰卡独立后沿袭了殖民者强加的资本主义制度,但不忘传统文化和社会主义共同的价值取向,持久稳定的社会结构与佛教价值观深度结合,积极追求自由、平等、公正等目标,采取诸多社会主义性质的政策措施。经过几十年的发展,斯里兰卡政治经济稳定、社会相对公平、人民福利较好,这在发展中国家中并不多见。斯里兰卡当前人均年收入约3300美元,居南亚国家前列,成人识字率为93%,人均寿命为75岁,均为南亚第一。据世界银行发布的2013年《世界发展指数报告》,斯里兰卡人类发展指数为0.75,在187个国家中排名第73位,不仅领先于同一地区的马尔代夫(第103位)和印度(第135位),也好过泰国(第89位)和菲律宾(第117位)。斯里兰卡的排名虽然低于马来西亚(第62位),但国民平均受教育程度在所有亚洲发展中国家中属最高。2015年底根据斯里兰卡央行消息,由于外资增加及国民经济增长,斯里兰卡已经从IMF"扶贫与经济增长机制"(PRGF)毕业,达到中等收入国家水平,有助于斯里兰卡在国际金融资本市场提高融资能力。

2. 斯里兰卡成为亚太地区最具吸引力的投资地之一。2009年5月,斯里兰卡结束长达26年的国内武装冲突后,进入和平发展时期,自此之后经济显著腾飞。斯里兰卡政府通过大量公共投资,着重改善落后的基础设施,投资环境明显好转,出台了稳定的吸引外资政策,积极组织境外招商活动。斯里兰卡土地肥沃,气候条件优越,盛产热带经济作物,具有发展农业经济的良好条件。斯里兰卡可耕地面积400万hm^2,占国土面积的61%。茶、橡胶、椰子是斯里兰卡经济收入的主要来源。斯里兰卡森林资源十分丰富，目前森林面积约200万hm²，覆盖率约30%，主要出产麻栗树、红木、黑檀、柚木、铁木等珍贵木材。该国现在是亚洲发展最快的经济体之一，为外国制造商提供甚佳的营商环境。与南亚其他国家相比，斯里兰卡在交通条件、人口素质、法律制度、商业环境等方面都更胜一筹，已发展成为亚太地区最具吸引力的投资地之一。

二、不可忽视的商业环境风险

1. 经济发展模式带来的风险。斯里兰卡本身的经济发展模式是债务融资型增长模式，这样的债务融资型增长模式是斯里兰卡作为后发展中国家不可避免的历史结构。斯里兰卡能否健康地发展出较为可靠的自主型经济增长模式，极大地依赖于其政局稳定和良好的投资环境，也就是债务融资型增长模式的稳定，并且这种增长模式还必须是为进一步的自主型经济结构做准备的。

2. 国际收支风险上升可能带来的不利影响。近年来，斯里兰卡国际储备连续下降，外债规模不断扩大，国际收支风险上升。未来斯里兰卡政府为应对国际收支危机，可能会采取加税等措施来增加财政收入，从而导致海外投资成本增加。所以，防范斯里兰卡因国际收支风险上升可能带来的不利影响。

3. 项目建设过程中的环境影响。项目最终环境影响评价报告是一项对规划和建设项目实施后可能造成的环境影响进行分析、预测和评估，提出预防或者减轻不良环境影响的对策、措施、跟踪监测的方法与制度。2006年6月7日，斯里兰卡中央环境局（Central Environmental Authority，简称CEA)对最终环评报告下发了批文，最终环境影响评价报告中对可能发生的环境影响逐一进行分析，并提出缓解措施，将对环境的破坏降至最小，报告也将相关费用纳入了投资估算中。报告重点对项目所产生的对当地水文、社会文化、生态环境、饮用水、土壤和地质、空气和声环境的影响进行分析，提出的缓解措施具有一定的可行性，促进了项目的建设。CEA的批准文书批文中提出了公众和技术评估委员会（Technical Evaluation Committee)对报告关于水文、社会文化、生态环境、环境污染等各个方面的专业意见及要求，这些意见和要求的落实情况决定项目环境影响方面是否存在风险。

三、外汇管理风险及应对

1. 斯里兰卡外汇管理状况。斯里兰卡法定货币为斯里兰卡卢比，简写LKR。自2001年1月23日起，斯里兰卡实行浮动汇率制，允许根据市场供求关系独立调整汇率，但同时出于平稳汇率波动以及增加外汇储备的目的，也会采取干预措施来抑制汇率的过度波动。货币政策框架以货币供应量和通货膨胀为目标。自2017年1月1日起，人民币可以直接兑换斯里兰卡卢比。由于斯里兰卡的汇率并不是很稳定，汇率的波动很大。在货币兑换方面，外币可以自由兑换成斯里兰卡卢比，没有币种和数额的限制。但斯里兰卡卢比不能自由兑换成外币，不能被携带或转让到境外。

2. 充分认识斯里兰卡的外汇政策。对斯里兰卡外汇政策要有充分认识，需及时掌握最新的相关法律法规，有针对性地做好准备措施。比如外资公司向境外母公司汇回利润时，斯里兰卡税务局要求外资公司缴纳汇款金额10%的汇出税，汇款银行凭完税证明才予以办理汇款业务。这就要求外资公司做好相应的税务筹划，以降低直接汇款所引起的汇出税。其次，外汇的主要风险来自于汇率。斯里兰卡卢比持续贬值，为防范汇率风险，从项目谈判阶段就应考虑设置合同条款加以规避，采取世界通用货币结算或世界通用货币与当地币相结合的方式结算，对于甲乙双方来说都能较好地接受。最后，保证资金安全也是非常重要的。不管是来斯里兰卡直接投资还是承揽项目，总是需要在当地存有外汇资金，选择一个专业、高效的银行尤为重要。斯里兰卡有各类商业银行，本地的、外资的均有，有的擅长当地业务且网点较多但服务差，有的熟悉国际业务但网点少。如何选择，需仔细研判自身业务特点及业务需求。

3. 密切关注斯里兰卡的汇率波动。汇率波动是所有海外工程不可避免的风险，承包商根据近年来的汇率变化预估了汇率风险。本项目合同中，美元占合同额的60%，卢比占合同额的40%，合同根据基准日美元的汇率进行了锁定。此外，合同中的美元部分不支持调价，卢比部分支持调价，每月按照合同规定的调价公式进行调价，并随同进度款进行支付。承包商在整个施工期间应密切关注卢比与美元的汇率及美元与人民币的汇率。随时保持与银行外汇中心和各换汇网点的联系，及时获取最新的外汇资讯，减少换汇损失。

四、税收政策的风险防范

1. 税收制度的不确定性带来的风险。目前斯里兰卡税种主要包括企业所得税、预提税、个人所得税、增值税、经济服务税、关税、印花税等，税收体制完整，税务监管严格，但税收政策经常变化，不确定性较大。斯里兰卡与中国2013年8月签订了避免双重征税协议，中资企业在斯里兰卡缴纳的所得税可以在境内抵免。

2. 施工企业涉及的主要税种有增值税，是当地较为常见的税种之一，全称"Value Added Tax"，现行税率8%。当地为消费型增值税税制，购买商品、接受劳务、专业分包、设备租赁等均涉及增值税。斯里兰卡政府对特殊项目的增值税实行SVAT正常，在购买商品和劳务时，若对方同时为SVAT注册供应商，该部分进项增值税不需要现金支付，以SVAT VOUCHER替代，可较大地节省现金流。若对方仅为普通的VAT注册供应商，我方仍需支付税款，并按规定从斯里兰卡税务局申请退返该部分进项税额。交易时可以要求对方提供公司及税务等注册原件和复印件，以便与相关政府部门验证真伪。建立供应商、分包商税务登记台账，安排事务所税务会计和税务局沟通，审核对方的VAT税号或者SVAT税号是否有效。一旦发现问题，及时沟通解决。退税过程中整理好增值税资料按时申报，安排专人负责退税申报和税局沟通工作，必要时通过事务所和业主沟通税务局高层推动退税进展。

3. 企业所得税（Income Tax）也是当地较为常见的税种之一。斯里兰卡企业所得税采用按季度自评预缴，按年度申报清算的方式。涉及的企业所得税类的税种有企业所得税（Income Tax）和利润汇出税（Remittance Tax），另有企业所得税的备抵税种经济服务税（Economic Service Charges）和预扣税（Withholding Tax）。根据国家政策，与中国签订避免双重征收企业所得税的国家，在境外缴纳的企业所得税可以在境内进行抵免，但要注意抵税主体的一致性。如果在斯项目利润率高于当地行业普遍利润率，在与斯里兰卡税务局谈判后达成协议，按照税务局核定后的利润率为基数缴纳所得税，不再按照查账征收的方式计算缴纳，此举既能节省税负，又能避免根据当地会计准则记账带来的核算不便等弊端。对于税率上涨带来的额外税负，我方可按合同条款向业主提出索赔，以此锁定项目税负水平。

4. 个人所得税（Paye），相当于国内的个人所得税。中国个人所得税法规定，作为中国的居民纳税人，在境外取得的收入应按中国的税法规定计算个人所得税，对境外已纳税款可以持纳税凭证在按照中国税法规定计算的应纳所得税额内申请抵免。如果在国外缴纳的所得税额高于按我国税法计算的纳税额，仅在我国境内申报，无需再纳税。在斯里兰卡务工人员，必须申报工资个税。在国内发放的工资，在外账上不能体现为工资字样，解释说明是在国内缴纳的社保。斯里兰卡的个税起征点比中国高，在当地发放津贴和奖金，按照工资分劈后的金额在当地制作工资表，工资水平和当地一般工程师工资相当，因为不能低于当地人工资，否则会引起税务稽查，在可行范围内尽量避免员工更多的税赋支出。另外，保留好个税申报及缴纳证据，如在当地发放的工资表、个人所得税纳税申报表、缴纳税款的付款凭证等，以期将来如果在国内缴纳员工个税时能抵扣回来，避免重复纳税。此外，对于年终奖，员工选择在哪发放前，请告知财务部进行测算后，供员工选择，避免员工损失利益。

综上所述，随着"一带一路"国家战略的推进，中国企业在海外工程建设中面临的风险与机遇挑战并存，需要始终关注工程项目所面对的各类风险，不断进行评判和研究，以期及时规避和化解。

第四节　本章小结

国际市场风云变幻，尤其工程所在地政局变化无常，社会矛盾突发，自然灾害时有发生，以及合同风险、法律风险、社会风险、税收风险，导致项目很难履约。因此，预测各种因素发生带来的风险尤其重要，规避风险和采取相应措施是项目团队必须具备的克难制胜法宝。斯里兰卡机场高速公路（CKE）项目风险控制管理的成功案例值得学习、借鉴。

第三篇

合作共赢

斯里兰卡政府认为"一带一路"建设有力推动了本国经济社会发展，为老百姓带来了实实在在的好处，将同中方一道继续坚定推动和扩大有关合作。斯里兰卡机场高速公路承载着一个国家近半个世纪的期待和梦想，这条路将两个国家结成共谋发展的合作伙伴。

中斯一致认为两国关系面临新的发展机遇，将共同规划好高层交往，加强战略合作，不断提升双边关系水平。中斯双方将以高质量共建"一带一路"为主线，打造好科伦坡港口城、汉班托塔港两大合作引擎，建设好中部高速一标段等重大项目，做大做强航运物流、产业合作两大领域，助力斯里兰卡打造区域航运枢纽和产业金融中心。

The Sri Lankan government believes that the construction of the "the Belt and Road" has strongly promoted the country's economic and social development and brought tangible benefits to the people. It will continue to firmly promote and expand relevant cooperation with China. Sri Lanka Airport Expressway carries the expectations and dreams of a country for nearly half a century. This road links the two countries to form a partnership for common development.

China and Sri Lanka agreed that bilateral relations are facing new development opportunities and will jointly plan high-level exchanges, strengthen strategic cooperation and constantly improve the level of bilateral relations. China and Sri Lanka will take the high-quality joint construction of the "the Belt and Road" as the main line, build two cooperation engines, Colombo port city and Hambantota port, build major projects such as the first bid section of the Central Expressway, expand and strengthen shipping logistics and industrial cooperation, and help Sri Lanka build a regional shipping hub and industrial financial center.

Part III
Win-Win Cooperation

第十一章 合作共赢
Chapter 11　Win-Win Cooperation

　　斯里兰卡机场高速公路（CKE）是斯里兰卡第一条高速公路，是目前斯里兰卡质量最好的高速公路，是斯里兰卡向国际社会展示自己的一道靓丽风景，机场高速公路交通量平均5.5万次/日，收入非常可观。斯里兰卡机场高速公路（CKE）项目在实施过程中率先在斯里兰卡采用中国员工与属地员工联合管理模式，为斯里兰卡当地居民解决部分就业问题，培养成熟工人近3000人，培养工程技术人才近100人，实现了技术转移，推进了斯里兰卡相关产业的发展，实现了中斯交流融合，为当地带来了实实在在的益处，充分展示了中国企业的责任与担当。

　　Sri Lanka Airport Expressway is the first expressway in Sri Lanka and the best quality highway in Sri Lanka at present. It is a beautiful scenery for Sri Lanka to show itself to the international community. The traffic volume of the airport highway is 55,000 times per day on average, and the income is very considerable. Sri Lanka airport expressway (CKE) took the lead in the implementation of the project in Sri Lanka with China staff and local staff joint management pattern, solve part of the problem of employment for local residents in Sri Lanka, cultivate mature workers nearly 3000 people, nearly 100 engineering and technical personnel have been trained and technology transfer has been realized, promote the development of relevant industries in Sri Lanka, The exchanges and integration between China and Sri Lanka have brought tangible benefits to the region and fully demonstrated the responsibility of Chinese companies.

第一节　项目视察

一、斯里兰卡公路部副常务秘书长等赴京考察

　　2008年10月10日，时任中国中冶集团总经理在京接见了时任斯里兰卡高速公路部副常务秘书长、道路发展局CKE项目经理，以及时任斯里兰卡驻华大使阿穆努加马，对斯里兰卡机场高速公路（CKE）项目开工建设情况进行了交流。

2008年10月12日,时任中国二十冶集团有限公司董事长李勇、党委副书记姜英南、副总经理王英俊、总经理助理兼斯里兰卡CKE项目经理樊金田和项目总工程师张奇在上海公司总部贵宾厅与时任斯里兰卡高速公路副常务秘书长和道路发展局CKE项目经理就项目准备工作进行了会晤,随后客人对国内在建高速公路项目进行了实地参观和技术交流。

二、斯里兰卡国家管理部长视察项目工地现场

2009年4月1日,时任斯里兰卡国家公路部部长T.B.Ekanayake在时任公路部常务秘书长S.Amarasekara的陪同下对斯里兰卡机场高速公路(CKE)项目进行了视察。时任斯里兰卡国家公路部部长T.B.Ekanayake一行,首先来到CKE项目营区,听取时任道路发展局项目经理M.P.K.L.Gunaratne介绍项目的执行进展情况,随后对项目营区、路基填筑材料海砂堆放场地、项目沿线路基及施工便道进行了视察。

三、中国驻斯大使视察项目工地现场

2009年10月13日,时任中国驻斯里兰卡大使馆杨秀萍大使一行视察斯里兰卡机场高速公路(CKE)项目现场中心实验室,项目经理(兼)樊金田、常务副经理娄建军、人力资源总监魏玉成、经营经理张钢雨、施工经理李航、总工程师张奇陪同。

四、澳大利亚咨询公司岩土专家现场指导工作

2010年5月11~13日,业主代表、时任澳大利亚SMEC岩土设计经理Jeff His先生、张洪华博士来CKE项目进行为期3天的考察。时任斯里兰卡国家公路部道路发展局项目经理M.P.K.L.Gunaratne组织召开了由时任澳大利亚SMEC岩土专家Jeff His、张洪华博士和CKE项目总工程师张奇等人参加的专题会。Jeff His等一行现场指导工作,有效推动了CKE项目地基工程设计、施工在合同工期内的顺利进行。澳大利亚咨询公司岩土专家现场指导工作如图11-1所示。

图11-1 澳大利亚咨询公司岩土专家现场指导工作

五、斯里兰卡总统视察项目工地

2012年8月16日,时任斯里兰卡总统及公路部部长、常务秘书长、业主代表等一行视察斯里兰卡机场高速公路(CKE)项目现场,集团领导及项目部班子成员陪同。

六、中国驻斯里兰卡大使馆大使赴中冶斯里兰卡分公司调研

2018年8月18日,时任中国驻斯里兰卡大使馆程学源大使赴中冶斯里兰卡分公司调研,听取了时任中冶国际副总经理、中冶斯里兰卡分公司总经理关于已完工的斯里兰卡国际机场高速公路(CKE)项目、在建的外环高速公路三期和即将开工的中部高速第一标段项目情况的详细介绍。程大使充分肯定了中冶集团在斯里兰卡各项目取得的成绩和项目的顺利进展,希望中冶集团继续发扬优良作风,严格做到合规经营、依法经营与阳光经营,按时保质完成外环高速公路三期和中部高速第一标段项目,维护好在斯中资企业的良好形象,讲好"中国故事"和"中冶故事"。图11-2为程大使在中冶斯里兰卡分公司调研。

图11-2 程大使在中冶斯里兰卡分公司调研

第二节 融合活动

一、项目部参加当地春节假日联欢

僧伽罗和泰米尔新年是斯里兰卡一年一度最重要的传统节日，2010年4月10日，时任斯里兰卡国家公路部CKE项目经理M.P.K.L.Gunaratne在海边椰树休闲酒店主持中斯两国项目人员共庆斯里兰卡新年节日联欢会，由MCC项目部、业主RDA、业主代表ER等120人参加了迎新年联欢酒会。伴随着缕缕印度洋清爽的海风和明媚热烈的阳光，在海边椰树休闲酒店(Villa Palma Hotel)中斯两国人员欢聚一堂，共同迎接斯里兰卡佛历新年的到来。

时任项目党工委副书记魏玉成致开场祝词，拉开了欢聚酒会的序幕，时任项目经理董和平、时任斯里兰卡道路发展局CKE项目经理Mr.M.P.K.L.Gunaratne、业主代表Mr.Denzil.Aponsu先后祝词，共祝斯里兰卡人民新年吉祥、快乐，愿象征中斯友谊的CKE高速公路项目早日建成。

二、中冶集团分公司参加中国驻斯里兰卡大使馆庆祝中华人民共和国成立70周年招待会

2019年9月30日晚，斯里兰卡班达拉奈克国际会议中心灯火通明，时任中国驻斯里兰卡大使程学源夫妇在此隆重举行中华人民共和国成立70周年招待会。时任斯里兰卡

总统西里塞纳、总理维克拉马辛哈、议长贾亚苏里亚、反对党领袖及前总统拉贾帕克萨、各主要政党领袖、部长、议员、三军司令、司法机构负责人，以及经贸、媒体、智库等社会各界友人，各国驻斯中资机构、华人华侨代表等500多人出席。

程大使表示，中国的发展离不开世界，世界的发展也需要中国。中国提出"一带一路"倡议，倡导新型国家关系，构建"人类命运共同体"，在全球治理体系变革中贡献了中国智慧，展现了大国担当。程大使强调，新中国发展的70年也是中斯关系发展的70年，两国关系历久弥新、行稳致远。中方愿与斯里兰卡共同推动"一带一路"建设不断发展，构建中斯命运共同体，不断造福两国人民。

时任斯里兰卡政府主宾、国际贸易部长萨马拉维克拉马在致辞中代表时任西里塞纳总统、维克拉马辛哈总理和斯里兰卡人民向中国政府和人民致以最美好的祝愿。向新中国成立70周年表示热烈的祝贺，向中国共产党、中国人民取得的伟大成就表示由衷的钦佩。活动现场，中国歌剧舞剧院、民乐团和斯里兰卡海军军乐团联袂为嘉宾们演出，赢得了嘉宾的热烈掌声。

三、项目员工参加当地板球邀请赛

2011年8月14日，斯里兰卡机场高速公路（CKE）工程项目部员工参加由板球执行主席组织的当地运动员板球邀请赛。

四、中国中冶集团向斯里兰卡政府紧急捐赠抗疫物资

2020年4月1日，中国中冶集团向斯里兰卡政府紧急捐赠的一批抗疫物资到达斯里兰卡，时任斯里兰卡总理马欣达·拉贾帕克萨在总理府接受了这批物资，中国中冶斯里兰卡分公司代表中国中冶集团出席了交接仪式。这批物资包括10万只口罩、5万副医用手套等，总价值约1300万卢比。

中国中冶集团在斯里兰卡深耕多年，致力于斯里兰卡各领域民生项目，为在"一带一路"践行中斯两国务实友好合作作出了积极贡献。中冶斯里兰卡分公司团队在努力做好经营工作的同时，积极用实际行动践行着央企社会责任，提高了中国企业在斯里兰卡的社会形象，增进了中斯两国人民友谊。

第三节 共庆通车

一、斯里兰卡机场高速公路（CKE）项目建成通车庆典

2013年10月27日，斯里兰卡国际机场高速公路在当地居民的欢庆声中正式通车。这条被誉为斯里兰卡"新国门第一路"的大道于10月22日已向公众开放。连日来，当地人民以高速路自行车比赛、大象编队、总统与平民走高速等各种形式，庆祝这条由中方贷款和承建的高速路的建成通车。

27日上午，科伦坡烈日当空，时任斯里兰卡总统拉贾帕克萨和夫人率领十多名内阁部长为高速路开通仪式揭幕和剪彩，并出席万人庆祝集会。高速路两旁彩旗飞扬，斯里兰卡总统的巨幅画像高高矗立在高速路上。当地人民载歌载舞，欢庆多年的梦想变为现实。

时任斯里兰卡总统拉贾帕克萨在集会上发表讲话，高度评价中国政府和人民帮助斯里兰卡建成了这条高速路，圆了几代斯里兰卡人的梦。他说，中国政府提供贷款，中冶集团用最好的设备和技术，为斯里兰卡建造了这条高质量的高速路，使机场到科伦坡市区的时间由一个半小时缩短到20分钟，大大便利了人民的出行。

时任中国驻斯里兰卡大使馆临时代办任发强在集会上表示，斯里兰卡国际机场高速公路是斯里兰卡新的"国门第一路"，建成通车大大节省了从机场到科伦坡市区的时间，便利了人流物流，缓解了沿线交通压力，对斯里兰卡旅游和物流业发展具有积极的推动作用。

任发强指出，中斯两国建设者们顶烈日，战高温，冒风雨，克服软基、海水漫路、垂直护坡等重重困难，在一片片荒地上打造出了一条通衢大道，为当地人民的出行提供了便捷的交通，更为出席即将在科伦坡举行的英联邦首脑会议的各国元首提供了交通保障，同时展示了斯里兰卡交通建设发展的美好前景。当地邮政局当天还发行了科伦坡国际机场高速公路的纪念邮票，并赠送出席集会的贵宾。

二、中冶集团董事长拜访斯里兰卡国家总统

2013年10月27日，时任中冶集团董事长国文清出席通车仪式，29日下午时任斯里兰卡总统马欣达·拉贾帕克萨在其官邸与国文清一行会晤。

国文清董事长向马欣达拉·贾帕克萨总统表示，通过短短几天的访问，已深刻地感受到斯里兰卡人民对总统阁下的爱戴与支持。中国中冶作为世界知名承包商，希望在

总统阁下的领导下为斯里兰卡的振兴、为实现总统阁下的宏伟目标作出更大贡献。

拉贾帕克总统表示,机场高速公路项目的顺利完工实现了斯里兰卡人民几代人的夙愿,中冶集团的优异表现获得了斯里兰卡各界的认可与赞扬,希望中冶集团更多地参与斯里兰卡各个领域的开发与建设。

在访问期间,国文清董事长一行还会见了时任斯里兰卡中央银行行长Ajith Nivard Cabraal先生和时任斯里兰卡内阁评审委员会主席Amerasekera等各界人士。此次出访取得了显著成果,加深了中冶集团与斯里兰卡政府及各界人士的交流,提升了MCC品牌在斯里兰卡区域市场的知名度,同时为双方下一步紧密合作奠定了坚实基础。

第四节　中斯合作的友谊丰碑

进入二十一世纪,全球政治风云变幻莫测,赞赏和支持多边主义,反动单边主义世界总发展趋势势不可挡,国家独立、共同富裕的道路更加宽广,和平、进步、共赢是永恒不变的主题。中斯两国二十一世纪加强巩固战略合作伙伴关系,两国处在合作共赢、全力发展经济阶段中创造出看得见、摸得着的诸多标志建筑,并带来福祉,更加激发两国人民砥砺前行。

斯里兰卡是最早响应、最早参与中国提出的"一带一路"倡议的国家之一。多年来,"一带一路"在斯里兰卡硕果累累。"一带一路"倡议提出后,中国在斯里兰卡的基础设施建设、重大民生项目(合作)给斯里兰卡人民带来实实在在的利益,民众普通有很强的获得感和幸福感。

时任斯里兰卡"一带一路"组织(BRISL)创始人之一亚西鲁近日指出:"一带一路"倡议对斯里兰卡产生了巨大影响。在"一带一路"倡议下,斯里兰卡启动了一系列发展项目,对基础设施进行了大规模改造升级,提高了斯里兰卡人民的生活水平,以直接和间接的方式促进了商业发展。

展望未来,中斯两国将在"一带一路"框架下拓展更多合作空间,除了一些大型的基建和民生项目合作外,双方或还将在签订自由贸易协定甚至全面经济技术协定方面迈出实质性步伐。

第五节　本章小结

斯里兰卡机场高速公路(CKE)工程建设期间,项目团队始终按照中冶集团的要求践行自己的社会责任,为当地培养熟练工人3000多人、技术管理人才100余人,先后修筑便民道路40余公里，参与抗洪救灾12次。具体地说，就是要对社会责任中的"合作共赢"在地域和内涵上延伸，在经营中保护好环境；遵守所在国标准；提供所在国劳动力市场和员工的就业权利；遵循国际的法律法规，积极投身当地社会发展、慈善活动。营造一个和谐有序的工作环境，对于保障工程顺利开展具有十分重要的意义。

参考文献
References

[1] 肖智.斯里兰卡专家眼中的"一带一路":带来了实实在在的福利[J].丝路百科,2021(9):35-38.

[2] 钟飞腾."一带一路"建设中的产业转移:对象国和产业的甄别[M].北京:社会科学文献出版社,2016.

[3] 张中元."一带一路"背景下构建我国"走出去"企业社会责任软实力[M].北京:社会科学文献出版社,2016.

[4] 陈波.南亚投资法律风险与典型案例[M].北京:中国法制出版社,2015.

[5] 周啸东.中国工程企业"走出去"经验与教训[M].北京:机械工业出版社,2015.

[6] 赵俊,陈校.一带一路战略与区域司法保障[M].北京:法律出版社,2016.

[7] 于立新.国家战略:"一带一路"政策与投资.沿线若干国家案例分析[M].杭州:浙江大学出版社,2016.

[8] 宋敏."一带一路"背景下中国与斯里兰卡经济合作研究[D].太原:山西师范大学,2017(3).

[9] 赵江林,周亚敏,谢来辉.一带一路面临的国际风险与合作空间拓展:以斯里兰卡为例[M].北京:中国社会科学出版社,2016:10.

[10] 国家电网公司国际化人才开发课题组."一带一路"战略背景下中国企业国际化人才开发实践[M].北京:清华大学出版社,2016.

[11] 邹磊."一带一路":合作共赢的中国方案[M].上海:上海人民出版社,2016.

[12] 李平,刘强."一带一路"战略:互联互通,共同发展:能源基础设施建设与亚太区域能源市场一体化[M].北京:中国社会科学出版社,2015.

[13] 黄群慧,韵江,李芳芳."一带一路"沿线国家工业化进程报告[M].北京:社会科学文献出版社,2015.

[14] 王玉主."一带一路"与亚洲一体化模式的重构[M].北京:社会科学文献出版社,2015.

[15] 王明华."一带一路"战略与国际区域经济合作[M].北京:法律出版社,2016.

[16] 陈文."一带一路"下中国企业走出去的法律保障[M].北京:法律出版社,2015.

[17] 汪应洛,黄伟,徐立国."一带一路"国家国情手册[M].北京:科学出版社,2016.

图书在版编目（CIP）数据

斯里兰卡国门第一路：斯里兰卡机场高速公路＝The First National Road in Sri Lanka: Sri Lanka Airport Expressway / 张奇，樊金田，秦夏强主编 . —北京：中国建筑工业出版社，2023.10
（"一带一路"上的中国建造丛书）
ISBN 978-7-112-29200-4

Ⅰ.①斯⋯ Ⅱ.①张⋯ ②樊⋯ ③秦⋯ Ⅲ.①高速公路—道路工程—对外承包—国际承包工程—工程设计—中国 Ⅳ.① U415.1

中国国家版本馆CIP数据核字（2023）第184574号

丛书策划：咸大庆　高延伟　李　明　李　慧
责任编辑：周娟华　李　慧
责任校对：姜小莲

"一带一路"上的中国建造丛书
China-built Projects along the Belt and Road
斯里兰卡国门第一路——斯里兰卡机场高速公路
The First National Road in Sri Lanka:
Sri Lanka Airport Expressway
张　奇　樊金田　秦夏强　主编
*
中国建筑工业出版社出版、发行（北京海淀三里河路9号）
各地新华书店、建筑书店经销
北京海视强森文化传媒有限公司制版
临西县阅读时光印刷有限公司印刷
*
开本：787毫米×1092毫米　1/16　印张：11¼　字数：219千字
2024年1月第一版　2024年1月第一次印刷
定价：118.00元
ISBN 978-7-112-29200-4
（41724）

版权所有　翻印必究
如有内容及印装质量问题，请联系本社读者服务中心退换
电话：（010）58337283　QQ：2885381756
（地址：北京海淀三里河路9号中国建筑工业出版社604室　邮政编码：100037）